PSICOLOGIA NERA E MANIPOLAZIONE

*COME LEGGERE IL LINGUAGGIO
DEL CORPO DELLE PERSONE E
PERSUADERLE GRAZIE A TECNICHE
DI CONTROLLO MENTALE*

Indice

Introduzione

La psicologia nera è spesso definita come lo studio di una condizione umana relativa alla natura psicologica degli umani di predare gli altri. Gli esseri umani hanno il potenziale di vittimizzare gli altri così come le creature viventi. Anche se alcune persone esercitano un controllo, altre agiscono secondo i loro impulsi. Così, la psicologia nera cerca di capire le percezioni, i sentimenti e i pensieri che portano al comportamento umano predatorio. Sfortunatamente, per la maggior parte delle persone, non si sa mai veramente che qualcuno ti sta predando finché non è quasi troppo tardi. La psicologia nera cerca di capire le percezioni, i sentimenti, i pensieri e i sistemi di elaborazione soggettivi che portano a un comportamento predatorio che è antitetico alla comprensione moderna del comportamento umano. Si presume che il 99,99% delle volte la motivazione dietro la psicologia nera sia razionale, propositiva e orientata all'obiettivo. Questo significa che la psicologia nera è sempre presente nel mondo, poiché molte persone usano tattiche come la menzogna, la persuasione, il rifiuto dell'amore e la manipolazione per ottenere ciò che vogliono. Nella maggior parte dei casi, queste tattiche hanno successo perché possono leggere la vostra mente. Così, puoi scegliere di rimanere ignorante, vivere nella negazione e rischiare di essere una vittima, o imparare come puoi proteggerti dallo sfruttamento psicologico. Quando comprendi i principi e le idee che stanno dietro la psicologia nera, sarai meglio preparato a proteggerti dalla manipolazione.

Anche se la maggior parte delle persone ha una coscienza del giusto e dello sbagliato, è necessario tenere a mente che un approccio dogmatico alla vita da solo non riesce a riconoscere come gli esseri umani si comportano naturalmente, e sicuramente farà in modo che essi cadano in preda agli altri. Nel corso degli anni, filosofi e psicologi hanno cercato di esplorare le ragioni per cui le persone fanno cose cattive agli altri. Un'osservazione comune è che le persone possono danneggiare, cosa che difficilmente fanno quando agiscono individualmente. Alfred Adler, un medico di Vienna che introdusse la psicologia individuale, sostiene che gli esseri umani sono spesso motivati ad agire da approcci individualistici al mondo. Queste esperienze e approcci potrebbero essere motivati da esperienze impresse che sono inculcate presto nella vita, come un complesso di inferiorità. Questo approccio percepisce il comportamento umano come propositivo e dice che gli esseri umani agiscono solo sulla base di motivazioni intenzionali e propositive. Anche così, non possiamo essere ciechi di fronte al fatto che si tace sulla misura in cui i comportamenti, impressi all'inizio della vita, influenzano il comportamento, rendendo le azioni di una persona non intenzionali. Semmai, i praticanti della psicologia nera imprimono o programmano le loro vittime in modo da poterle controllare e manipolare. Ti insegnano a fidarti di loro e persino a seguirli esponendoti a spunti e segnali che instillano questi sentimenti e convinzioni. Un buon esempio è qualcuno che ti manda segnali misti di distanza e vicinanza o di odio e amore. Il fatto che gli esseri umani possano formare potenti connessioni emotive con altre persone può solo significare che devi stare in guardia per non trovarti facilmente manipolato. La linea di fondo è che le motivazioni umane della psicologia nera possono essere sia inconsce che intenzionali.

Tattiche comuni di psicologia nera

Le tattiche di psicologia nera possono essere palesi o subdole. Le tattiche più comuni che la maggior parte dei praticanti usa sono:

- **Psicologia inversa:** Quando si impiega questa tattica, si dirà a qualcuno di fare una cosa, ma si sa per certo che farà l'opposto. È questa azione opposta che un manipolatore intendeva che si verificasse.

- **Vocabolario manipolativo:** Quando un manipolatore usa questa tattica, introdurrà nella conversazione parole che sono comuni e hanno significati comunemente accettati da entrambe le parti, solo per poi tornare indietro e dire che intendevano qualcos'altro quando hanno usato quella parola. Il nuovo significato nella maggior parte dei casi cambierà la definizione facendo andare la conversazione a favore del manipolatore, sebbene si sia stati ingannati

- **Limitazione delle scelte:** Un manipolatore che usa questa tattica limiterà le tue scelte in modo che tu venga distratto da scelte che non dovresti fare.

- **Semplificazione eccessiva:** È comune per i manipolatori semplificare eccessivamente le cose, trasformando semplici accordi in giudizi morali e persino presentandosi come angeli. In questi casi, li sentirai usare frasi come "Non sarei mai capace di perdonarmi se facessi quello che hai fatto tu". Tali affermazioni ridurranno generalmente un diritto o una situazione giusta in modo che siate considerati irragionevoli se si sfida la loro posizione. Non accolgono o addirittura riconoscono un'interpretazione alternativa.

- **Ritiro:** Qui, il manipolatore ti eviterà o ti darà un trattamento silenzioso fino a quando non soddisferai ciò che vuole da te.

- **Egocentrismo:** I manipolatori della psicologia nera tendono ad avere un modo di rifocalizzare il centro di un argomento a loro favore. È comune per loro dire cose come "non ti farei mai una cosa del genere" mentre trascurano la complessità della situazione in questione. Alcune delle parole comuni che mostrano la tendenza a sovrageneralizzare includono "sempre" e "mai", parole che fanno apparire come una regola.

- **Negazione dell'amore:** Questo è spesso difficile perché il manipolatore ti farà sentire abbandonato o perso. Si tratta di trattenere l'amore e l'affetto finché non ottengono ciò che vogliono da te.

- **La menzogna:** Questo è sorprendente eppure è una tattica comune alla maggior parte dei manipolatori. Faranno di tutto per mentire su una situazione. Questo potrebbe essere attraverso una verità esagerata o parziale per indurti ad agire in un certo modo.

- **Inondazione d'amore:** Questo di solito implica complimentarsi, lodare o adulare le persone in modo che siano d'accordo con la propria richiesta. L'inondazione d'amore spesso fa sentire bene la vittima in modo che sia più propensa a fare qualcosa che altrimenti avrebbe rifiutato. Puoi anche usare questa tattica per far sentire qualcuno attaccato a te in modo che faccia cose che normalmente non farebbe.

Chi usa la psicologia nera?

La psicologia nera non è solo prevalente nelle relazioni romantiche. Sarete sorpresi che è applicabile anche nello spazio pubblico per ottenere la risposta desiderata. Alcune delle persone che comunemente usano queste tattiche sono le seguenti:

- **Sociopatici:** Uno degli aspetti dei sociopatici è che sono sempre affascinanti, intelligenti e persuasivi. Quello che non sai è che la motivazione dietro a tutto questo è ottenere ciò che vogliono. Sarai sorpreso dal fatto che spesso non sono emotivi e non provano alcun rimorso. Questo spiega perché sono in grado di usare la psicologia nera solo per ottenere ciò che vogliono, anche se questo significa formare relazioni superficiali.

- **Narcisisti:** I narcisisti hanno un'idea gonfiata di autostima; quindi, prosperano nel farvi credere di essere superiori. Queste persone non si tirano indietro nell'usare la psicologia nera e la persuasione solo per soddisfare il loro desiderio di essere adorati e venerati da tutti.

- **Politici:** I politici impiegano la psicologia nera per convincere l'elettorato a votare per loro e non per il loro avversario. Lo fanno facendoti credere che solo il loro punto di vista è giusto.

- **Leaders:** Proprio come i politici, molti leader hanno usato tattiche di psicologia nera per radunare i loro sottoposti, i cittadini e persino i membri del team per fare ciò che vogliono.

- **Venditori:** Anche se non tutti i venditori useranno la psicologia nera su di te, la maggior parte di loro lo fa. Questo è particolarmente vero tra i venditori che sono molto bravi a raggiungere e persino superare gli obiettivi perché non ci pensano due volte prima di impiegare la persuasione o la manipolazione oscura.

- **Persone egoiste:** Le persone che sono generalmente meschine e a cui piace mettere i loro bisogni al primo posto sono più propense a usare la psicologia nera per far sì che i tuoi bisogni non li riguardino in alcun modo. Non sono disposti a rinunciare ai loro benefici; quindi, preferiscono che qualcun altro perda, ma non loro.

Capitolo 1: Cos'è la psicologia nera?

Psicologia nera

Per capire cos'è la psicologia oscura, dobbiamo, prima di tutto, partire dalle basi e capire cos'è la psicologia. Può essere definita come la scienza che si occupa dello studio del comportamento umano, cioè come le persone percepiscono, pensano e reagiscono alle varie situazioni in base a elementi emotivi, cognitivi e sociali.

La psicologia nera, invece, può essere definita come lo studio della condizione umana sulla naturale predisposizione inconscia dell'uomo a predare e soggiogare gli altri per un guadagno personale.

L'uso della psicologia nera si può trovare ovunque: nelle relazioni amorose, sul lavoro, nei rapporti con gli amici, in TV, nella pubblicità, nella politica, ecc.

Questo aspetto oscuro della psicologia è insito in ognuno di noi, nessuno escluso, e fa parte della parte più inconscia della nostra mente.

Come è possibile utilizzare la psicologia per approfittare degli altri? Semplicemente, utilizzando subdole tecniche di influenza e manipolazione mentale per indurre gli altri a fare qualcosa che normalmente non farebbero. Molti esperimenti psicologici mostrano come sia possibile farlo, e nel corso del libro te ne darò la prova!

I segreti della psicologia nera risiedono nella conoscenza dei principi psicologici nascosti. Alcune di queste potenti tecniche e tattiche sono usate dagli influenzatori per manipolare le menti degli altri per influenzarne le scelte.

La psicologia nera, così come i principi e le tecniche che la circondano, possono essere utilizzati nelle relazioni romantiche e aiutare nel vostro percorso di carriera. Naturalmente, questo non è per incoraggiarvi a diventare un predatore emotivo o sociale; tuttavia, conoscere queste tecniche ti darà un grande vantaggio sugli altri.

Perché abbiamo bisogno di capire la psicologia nera? Questa è presente ogni giorno, in tutto ciò che ci circonda, e quindi non può essere ignorata da noi.

A questo punto, hai il potere di scegliere se continuare a ignorare i segreti della psicologia nera con la conseguenza di diventarne vittima o decidere di conoscerla e sfruttarla a tuo vantaggio, sia per proteggerti dai manipolatori mentali che per influenzare gli altri a fare cose che generalmente non farebbero.

Percezione

Si tratta di un insieme di abilità cognitive che ci permette di acquisire le informazioni che provengono dall'esterno e che vengono rielaborate nella nostra mente. La percezione è quindi quel processo per cui tutto ciò che vediamo, sentiamo e percepiamo con tutti i nostri sensi viene poi modificato dal nostro cervello in modo che tutto ciò che percepiamo possa avere un qualche significato.

L'uomo, per predisposizione naturale, tende a risparmiare energie cognitive attraverso quelle che vengono chiamate "scorciatoie cognitive o di ragionamento", per concludere con un minimo sforzo il processo decisionale il più velocemente possibile.

Durante l'evoluzione umana, abbiamo sviluppato una capacità di ragionamento. Questa capacità decisionale ci permette di essere estremamente efficaci e veloci. Fin dalla preistoria, quando c'era la comparsa di un pericolo, per esempio, di fronte a una bestia affamata, gli umani non pensavano a tutte le opzioni possibili, ancora, sceglievano tra poche opzioni disponibili:

- Correre via dal leone (scappare)
- Attaccare la bestia (attaccare)
- Immobilizzarsi per non essere visti (immobilizzarsi)

Questa velocità di decisione, da un lato, ci ha permesso di evolvere ma, allo stesso tempo, genera quello che viene chiamato Bias Cognitivo che è la causa di molti errori di tipo logico, cognitivo e soprattutto decisionale.

In altre parole, questa capacità di ragionamento ci espone rapidamente alla possibilità di essere condizionati e influenzati da altri nelle nostre scelte.

Tutte le tecniche di influenza mentale che ti saranno rivelate in questo libro, fanno leva su una serie di automatismi cognitivi per influenzare il processo decisionale di una persona. Anchoring Bias, Ingroup Bias, Halo Effect Bias, Bandwagon Bias, Confirmation Bias, sono alcuni dei Bias Cognitivi che verranno spiegati.

Persuasione

"Persuadere" e "manipolare" sono due verbi che vengono spesso usati come sinonimi, ma che, al contrario, hanno significati molto diversi!

Come vedremo tra poco, la differenza tra persuasione e manipolazione sta fondamentalmente nelle "tecniche" e nei "metodi" utilizzati per convincere un'altra persona.

La persuasione è l'arte di cambiare l'atteggiamento o il comportamento di qualcun altro attraverso uno scambio reciproco di idee. A differenza della manipolazione, usa solo parole e argomenti logici per mettere l'interlocutore in uno specifico stato d'animo a cui punta il persuasore. Si può dire che la persuasione mira ad ottenere approvazione e fiducia attraverso un lavoro graduale e sistematico di convincimento.

L'arte della persuasione può essere paragonata ad un coltello. Può essere usato sia per tagliare una torta o del cibo che per uccidere una persona. Oggettivamente il coltello non è fatto per essere un'arma ma potrebbe essere usato come tale. Allo stesso modo, anche le tecniche di persuasione possono essere usate sia per scopi "buoni" ed etici (ad esempio, per difendersi da chi vuole usarle contro di voi), oppure possono essere usate per scopi "cattivi".

Quindi, bisogna considerare questo libro come un vero e proprio coltello e imparare ad usarlo nel modo giusto. Tutto dipenderà da te!

Manipolazione

A differenza della persuasione, la manipolazione è un tipo di influenza sociale che mira a cambiare la percezione o il comportamento degli altri utilizzando trucchi linguistici, schemi subdoli, metodi subliminali e ingannevoli che possono anche portare ad abusi sia psicologici che fisici.

Lo scopo della manipolazione è la grossolana rielaborazione di elementi, per lo più per scopi tendenziosi o fraudolenti.

Etimologicamente, manipolazione significa "costringere qualcuno con la forza a fare qualcosa".

Il manipolatore cerca di condurre l'altro verso le sue idee per un guadagno personale e un interesse molto specifico e può farlo sia utilizzando tecniche di manipolazione subdola, sia utilizzando tecniche di persuasione estrema. In ogni caso, la maggior parte delle tattiche che usa saranno ingannevoli e di sfruttamento.

Ma come si manipola una persona? La manipolazione avviene spesso attraverso l'uso dell'inganno o dell'illusione, cioè alterando o distorcendo la visione della realtà della persona che si vuole manipolare, fino ad usare coercizione e pratiche punitive.

Ma come fanno esattamente i manipolatori a creare questa illusione di realtà? Il primo strumento più utilizzato dai manipolatori è l'uso della bugia per ingannare gli altri.

Mentire, ingannare, generare senso di colpa, paura, o ancora più grave rabbia, sono tutti strumenti utilizzati per manipolare le persone.

Inoltre, i manipolatori in azione ricorreranno a una serie di tecniche di manipolazione subdola come l'intimidazione, il ricatto emotivo, o metodi di controllo mentale o di lavaggio del cervello.

Psicologia nera vs. Manipolazione emotiva nascosta

Qual è la differenza tra psicologia nera e manipolazione emotiva occulta?

La psicologia nera può essere definita come il processo di influenza mentale che consiste nel far fare alle persone cose contro il loro interesse personale. Quindi, questo manca di moralità, proprio perché la sua funzione è immorale.

La manipolazione emotiva segreta è il processo in cui una persona cerca di influenzare le decisioni e i sentimenti di un altro in modo nascosto, non necessariamente per scopi immorali. Fondamentalmente, la manipolazione emotiva segreta comporta il mascheramento delle reali intenzioni del manipolatore. Questo tipo di persona si concentra sul lato emotivo dell'individuo perché sa che le emozioni di una persona sono la chiave della sua personalità.

Mentre la manipolazione segreta si concentra su un individuo per raggiungere l'obiettivo finale, la psicologia nera può essere usata su una persona, ma può anche essere usata in gruppi più grandi per influenzare un intero gruppo o, a volte, una società per influenzarne il pensiero. Questo dimostra quanto spaventosa e pericolosa possa essere la persuasione oscura, perché può essere usata per cambiare completamente la mente di gruppi di persone.

La storia della persuasione

Nel corso del tempo, la persuasione si è evoluta e cambiata dai suoi inizi. Per molti anni è esistita, anzi è esistita fin dall'antica Grecia. Questo non significa che l'arte del processo di persuasione sia la stessa di prima. Tuttavia, l'arte della persuasione e il modo in cui viene usata nei tempi odierni sono cambiati considerevolmente.

Richard M. Perloff ha passato un bel po' di tempo a ricercare le ideologie tradizionali, come vengono usate e come possono influenzare la cultura nel suo complesso. Ha scritto un libro intitolato "The Dynamics of Persuasion: Communication and Attitudes in the 21st Century". Il libro discute i cinque diversi modi in cui i valori attuali sono usati nei tempi passati. Essi includono il numero di messaggi considerati come persuasione che è aumentato in numeri precari. Nell'antica Grecia, questa era usata solo nella scrittura e nei dibattiti tra le élite. Non c'era molta influenza e non la si vedeva molto spesso.

Senza qualche messaggio di persuasione che ti accompagna nei tempi moderni, è difficile arrivare da qualche parte. Considera i diversi tipi e fonti di pubblicità che esistono. Ogni giorno negli Stati Uniti se ne trovano fino a 3000. Oltre a questo, le persone che bussano alla tua porta o che potresti incontrare per strada, spesso cercano di farti comprare qualcosa, credere in quello che stanno vendendo o provare qualcosa di nuovo. Questo, più che mai nella storia, fa parte del mondo moderno. La persuasione viaggia molto veloce. Nell'antica Grecia ci potevano volere settimane o più per portare un messaggio persuasivo da un punto all'altro.

Il potere di persuasione era, quindi, limitato, poiché la maggior parte delle persone non poteva ricevere il messaggio. Nel senso del contatto faccia a faccia, molti atti di persuasione dovevano essere intrapresi in questo modo. Nei tempi moderni, l'uso di Internet, della radio e della televisione è una fonte ragionevole di messaggi persuasivi in pochissimo tempo su una lunga distanza.

In pochi secondi, i candidati politici possono essere in grado di fare appello ai loro elettori tutti insieme, e ogni messaggio può essere trasmesso rapidamente. Questo gioca un ruolo significativamente maggiore se può essere distribuito troppo velocemente.

La persuasione può anche significare un sacco di soldi: le aziende hanno imparato il potere della persuasione, e fanno tutto il possibile per farlo funzionare per loro. Più successo hanno nel persuadere i consumatori a comprare i loro beni, più soldi ottengono.

Molte organizzazioni sono interessate solo al processo di persuasione, comprese le società di servizi pubblici, le società di marketing o le agenzie pubblicitarie. Altre aziende potranno usare le strategie persuasive fornite da queste organizzazioni per raggiungere e superare i loro obiettivi di marketing.

La persuasione è diventata più sottile rispetto al passato: all'inizio, il persuasore renderà chiari i suoi punti di vista a tutto il gruppo, per far cambiare idea a tutti. Quei giorni sono passati, e il processo di persuasione è molto più discreto e nascosto

Capitolo 2: Controllo mentale

Che cos'è il controllo mentale?

Il concetto di controllo mentale esiste da quando la psicologia è stata studiata. Probabilmente avete sentito una persona esprimere il suo fascino o la sua paura riguardo a ciò che sarebbe successo se ci fosse stata la possibilità che qualcuno fosse in grado di controllare le menti degli altri e fargli seguire i suoi comandi. Allo stesso modo, ci sono state molteplici teorie di cospirazione in giro su persone potenti o autorità che utilizzano le loro posizioni per forzare piccoli gruppi di persone a fare certe cose. Ci sono stati anche casi giudiziari in cui le persone accusate hanno incolpato il "lavaggio del cervello" per averli indotti a commettere i loro crimini. Collettivamente, questi tre esempi ci dicono che la gente capisce che il controllo mentale è reale.

Tuttavia, la forma di controllo mentale che la gente sembra definire è quella che è stata ritratta dai film e dai media, che, purtroppo, è solo la punta dell'iceberg. Il controllo mentale esiste in molte forme, e la gente sembra capirne molto poco. Questo spinge la necessità di una precisa comprensione e descrizione di cosa sia esattamente il controllo mentale. Se prendiamo le parole dello psicologo Philip Zimbardo, il controllo mentale è definito come un processo in cui la libertà di azione e di scelta di un individuo o di un gruppo è compromessa da agenzie o agenti che distorcono o modificano la motivazione, la percezione, i risultati comportamentali e/o cognitivi. In sintesi, il controllo mentale è un sistema che sconvolge una persona o un gruppo nel suo nucleo, cioè a livello della sua identità (che comprende comportamenti, decisioni, preferenze, credenze e relazioni, per citarne solo alcuni) e crea una pseudo personalità o pseudo-identità

Le descrizioni di cui sopra rendono chiaro che una persona potrebbe sbagliarsi nel presumere di essere sempre responsabile delle proprie azioni e dei propri pensieri. A questo punto, dovreste già sapere che le nostre menti non sono esclusivamente a nostra discrezione poiché sono suscettibili di influenza e controllo. Prendiamo un esempio molto comune. Quando guardate un film emotivo, i registi utilizzano inquadrature, luci, colori, musica e altri miglioramenti per controllare le vostre emozioni. Per quanto siate consapevoli che ciò che state guardando non è reale, il vostro cervello sta comunque al gioco, e vi trovate coinvolti nel film. Alcune persone piangono alle scene tristi, mentre altre saltano o rabbrividiscono quando guardano film horror.

Ora, pensateci, se il vostro cervello può rispondere ad una richiesta che chiaramente capisce che non è reale, come reagirebbe a richieste nascoste (occulte)? Questo ci porta al controllo mentale occulto, che è la forma di controllo mentale in cui la vittima non è consapevole che viene applicata una distorsione. Il controllo mentale nascosto è la forma più brutale di controllo conosciuta dagli psicologi di oggi. Questo perché se una persona si rende conto di essere controllata, può cercare di sfuggire alla situazione, a differenza del controllo mentale nascosto dove non si viene mai a sapere. Il risultato è che il controllore prende la piena responsabilità e può portare la vittima alla distruzione senza che se ne renda conto.

Il controllo mentale può essere etico o non etico. Potresti chiederti come avere la tua mente plasmata da un'altra persona possa essere un bene per te. Bene, un buon esempio di controllo mentale etico è iniziato quando stavate crescendo. Quando i tuoi genitori ti hanno cresciuto, hanno applicato un sacco di controllo mentale. Tu sei la persona che sei oggi grazie a questo controllo mentale. La maggior parte delle credenze, dei valori e dei comportamenti che possiedi, anche se potresti averne modificati alcuni, ti sono stati trasmessi dai tuoi genitori. Diventiamo un po' più pratici: quando ti svegli, le tue azioni immediate includono lavarti i denti, fare la doccia, infilarti dei vestiti puliti, truccarti e fare colazione prima di ogni altra cosa. Da dove pensi che provenga questa routine? Ti è stata trasmessa dai tuoi genitori o dai tuoi tutori.

Vediamo ora il processo di controllo mentale in dettaglio.

Comprendere il target

Prima di ogni altra cosa, il manipolatore cercherà di stabilire un legame o una connessione con la sua potenziale vittima. La buona intenzione, o amicizia, sarà il primo passo perché fa abbassare alla vittima tutte le sue difese sociali e psicologiche. Una volta che il controllore ha ottenuto la fiducia del bersaglio, ora inizia a decifrarlo per escogitare il metodo più efficace per invaderlo. La lettura mira a capire se la sua vittima è suscettibile alla sua manipolazione. Proprio come qualsiasi project manager, non gli piace perdere tempo su un soggetto che teme possa superarlo in astuzia e portarlo al fallimento.

Molteplici indizi sono usati per scansionare la vittima. Essi includono lo stile verbale, il linguaggio del corpo, lo status sociale, il sesso, la stabilità emotiva, e così via. I tratti di una persona possono essere usati per decodificare la forza delle sue difese. Per tutto questo tempo, il manipolatore si porrà domande come: "Sei un introverso o un estroverso?" "Sei debole?" "Sei emotivo?" "Sei sicuro di te stesso?" Gli esseri umani danno molte informazioni su sé stessi quando interagiscono con gli altri, e questo è qualcosa che il controllore conosce fin troppo bene. Da questi segni, può facilmente capire se la persona sta cooperando. Guarderà la postura del corpo e analizzerà immediatamente la vittima. Un battito di ciglia eccessivo potrebbe insinuare che una persona sta mentendo. Le braccia piegate sul petto potrebbero mostrare una mancanza di interesse o insicurezza. Fare grandi passi mentre si cammina potrebbe rappresentare la paura. Come si può vedere, il corpo rilascia così tanti dati in ogni momento che è importante essere consapevoli dei segnali che si stanno dando (questo sarà trattato in dettaglio più avanti in questo libro).

Quando l'attaccante ha raccolto abbastanza dati dal bersaglio, ora capisce i suoi interessi, punti di forza, debolezze, routine e così via. Usando queste informazioni, può decidere un punto d'ingresso che permetterà una facile e accurata manipolazione. Può anche decidere se l'obiettivo vale lo sforzo. Se lo considera un bersaglio favorevole, passa al passo successivo nel processo di controllo mentale: scongelare solide credenze e valori.

Scongelare solide credenze e valori

Ognuno di noi ha alcune convinzioni e valori incisi nel profondo. La maggior parte di essi sono i principi che ci sono stati inculcati fin dall'infanzia, e altri sono stati acquisiti dalle esperienze man mano che cresciamo. Raramente li lasciamo andare, ma li rivediamo man mano che procediamo. La maggior parte di essi sono ciò che costituisce la nostra identità, quindi non ci piace che vi si interferisca. Se in qualsiasi momento questi principi vengono minacciati, contraddetti o messi in discussione, la nostra reazione naturale è quella di difenderli con tutti i mezzi possibili. Tuttavia, se ci viene data una ragione abbastanza buona, li mettiamo volontariamente in discussione noi stessi. Subiamo un processo noto come "scongelamento".

Tonnellate di ragioni possono portarci a scongelarci: una rottura, la morte di una persona cara, interferenze religiose, essere sfrattati dalle nostre case, per citarne solo alcune. Queste situazioni ci costringono ad iniziare a cercare risposte a situazioni complesse, e questo va in profondità come mettere in discussione le nostre sole credenze e valori. Prendiamo questo, per esempio:

Quando ero adolescente, avevamo alcuni amici di famiglia che erano buoni cristiani. Il caso volle che il mio migliore amico, che aveva esattamente la mia età, provenisse da questa famiglia. Il suo nome era Sam. Sam era solito parlarmi della Bibbia e dei suoi insegnamenti, cercando di convincermi ad accettare la salvezza e a vivere secondo i suoi insegnamenti. Ricordo di avergli chiesto perché fosse così insistente su questo argomento, e lui rispondeva che con la salvezza, tutti i problemi erano risolvibili e che la vita era molto più facile e felice. Andando avanti veloce di circa quindici anni, alla madre di Sam fu diagnosticato un cancro al seno. Provarono tutte le forme di trattamento disponibili all'epoca, ma il cancro ricresceva. Un giorno, mentre parlava con lui del problema, mi guardò con un viso pallido e disse: "Penso che quello che dicono del cristianesimo non sia reale!" Incuriosito da ciò che aveva appena detto, gli chiesi perché lo pensava. Rispose che avevano incontrato decine di leader spirituali per pregare, ma il cancro di sua madre non faceva che peggiorare. Quel che è peggio, non sarebbe vissuta più di un anno.

Per quanto triste sia la storia di Sam, ci fa capire che alcune situazioni nella vita possono costringerci a mettere in discussione i forti principi con cui siamo cresciuti. In questo caso, il mio migliore amico era arrivato a dubitare della stessa religione che una volta sentiva avere soluzioni automatiche a tutti i problemi della vita. Allo stesso modo, un manipolatore scava in profondità nella vita della sua vittima per capire le sue vulnerabilità e sfruttarle pienamente. Queste persone diranno tutto ciò che pensano che i loro obiettivi ameranno sentire. Una volta che la vittima ingoia il conforto del manipolatore, c'è uno spostamento nelle dinamiche di potere, e il bersaglio è ora pronto per la manipolazione.

Riprogrammare la mente

Il processo di controllo mentale cerca di separare il bersaglio dalle sue convinzioni iniziali e iniziare a riprogrammare la sua mente. La riprogrammazione ha lo scopo di installare le credenze e i valori del manipolatore nella mente della vittima. Oltre ad allontanare i principi iniziali, il controllore fa del suo meglio per farli sembrare sbagliati, cattivi o la causa di disgrazie passate nella vita della vittima. Se la vittima assorbe questa riprogrammazione, la sua difesa viene abbassata a zero, e ora diventa un robot pronto ad accettare qualsiasi sistema operativo che gli viene offerto.

Durante la fase di riprogrammazione, l'attaccante cercherà di assicurarsi che la vittima abbia un contatto minimo con il mondo esterno. Fanno in modo che tutti gli altri appaiano insignificanti per la vittima, perché questo aumenta la loro opportunità di depositare i loro principi maligni in questi. Questo comportamento è comune nei culti, che sono per lo più creati per allontanare i loro seguaci dalla vita umana tradizionale. Alcuni culti arrivano a controllare l'assunzione di cibo dei loro seguaci come un modo per indebolirli. La psicologia dietro questa idea è che una persona debole si rivolgerà sempre alla persona che ritiene abbia il potere di proteggerla o di alleviare la sua sofferenza. Lo stesso accade nelle relazioni, dove un partner gioca il ruolo di controllo, e la vittima non ha altra scelta che aderire all'altro. Ci si potrebbe chiedere perché alcune persone sopportano partner violenti, ma finora, dalla lettura di questo libro, si deve già capire che il problema è più profondo di quanto sembri. Se si controlla la mente di una persona, si può controllare la sua vita.

Una volta che la vittima è stata riprogrammata, il manipolatore passa alla fase finale del processo di controllo mentale noto come "congelamento"

Congelare le nuove credenze e valori

Così, una volta che la vittima è stata nutrita con principi contrastanti dall'aggressore, quest'ultimo applica tattiche volte a cementare le nuove credenze nel suo cervello. Questo è ciò che gli psicologi chiamano "congelamento".

Il congelamento è necessario perché il controllore è consapevole delle nuove credenze della persona che potrebbero scontrarsi con quelle iniziali. Come tale, hanno bisogno di forzare la vittima a scegliere i loro principi maliziosi rispetto a quelli vecchi. Per fare questo, potrebbero applicare uno dei seguenti metodi.

Uno dei metodi è usare l'approccio premio/punizione. Quando la vittima agisce secondo le richieste del manipolatore, viene premiata. Forse vedi la somiglianza tra il processo di congelamento e l'addestramento dei cani. Il cane viene premiato quando segue le istruzioni dell'addestratore. L'addestratore mira a solidificare la nuova abilità nel cane premiandolo. In futuro, se il cane viene istruito a fare la stessa cosa, non esiterà perché gli è stato fatto credere che obbedire al comando è buono e attira una ricompensa. Lo stesso vale per il controllo mentale; quando la vittima obbedisce, le viene fatto credere che ciò che ha fatto è giusto e merita una ricompensa.

Le punizioni sono il secondo approccio più applicato nel processo di congelamento. Se la vittima si discosta dai comandi del controllore, viene punita. Se torniamo allo scenario di una setta, di solito hanno punizioni definite per le violazioni dei termini. Durante l'Olocausto, per esempio, ogni tedesco che non acclamava Hitler veniva punito con la prigione o la morte. Allo stesso modo, qualsiasi tedesco che fosse sospettato di proteggere gli ebrei veniva fucilato. Hitler capì che punendo chiunque andasse contro le sue regole, avrebbe costretto ogni tedesco ad aiutarlo a raggiungere il suo obiettivo di pulizia etnica. Il trucco psicologico usato in queste situazioni è che la vittima è portata a vedere la punizione come una giustizia servita per aver infranto le regole.

Il metodo finale usato dai controllori mentali per solidificare la loro manipolazione è quello di trasformare le loro vittime nei loro agenti. Per meglio dire, una volta che il controllore sente che la pseudo personalità della vittima si è materializzata, la usa per distribuire la sua visione del mondo. All'inizio di questo libro, abbiamo detto che l'agenda del controllore mentale è di creare una replica di sé stesso nell'altra persona. Pertanto, una volta che il processo di controllo è completo, la vittima inizia a vivere come l'aggressore senza rendersene conto. A seconda della natura della manipolazione, la vittima potrebbe anche essere usata per reclutare altre vittime nel modo di pensare e di vivere dell'oppressore. Da questa spiegazione, possiamo facilmente capire perché una moglie è probabile che sia violenta verso i figli se il marito è violento. È probabile che i figli siano violenti anche tra di loro o con i loro amici. Il processo di controllo mentale è lento, ma una volta che si solidifica, può risultare in effetti devastanti.

Il controllo mentale implica l'uso dell'influenza e della persuasione per cambiare i comportamenti e le credenze di qualcuno. Quel qualcuno potrebbe essere la persona stessa o qualcun altro. Il controllo mentale è stato anche chiamato lavaggio del cervello, riforma del pensiero, persuasione coercitiva, controllo mentale e manipolazione, solo per citarne alcuni. Alcune persone pensano che tutto sia fatto con la manipolazione. Ma se questo è da credere, allora si perdono punti importanti sulla manipolazione. L'influenza è molto meglio pensata come un continuum mentale con due estremi. Un lato ha influenze che sono rispettose ed etiche e lavorano per migliorare l'individuo mostrando rispetto per loro e per i loro diritti umani fondamentali. L'altro lato contiene influenze oscure e distruttive che lavorano per rimuovere i diritti umani di base da una persona, come l'indipendenza, la capacità di pensiero razionale, e talvolta la sua identità totale.

Quando si pensa al controllo mentale, è meglio vederlo come un modo di usare l'influenza su altre persone che distruggerà qualcosa in loro, come il loro modo di pensare o di vivere. L'influenza lavora sulla base stessa di ciò che rende le persone umane, come i loro comportamenti, credenze e valori. Può sconvolgere il modo stesso in cui scelgono le preferenze personali o prendono decisioni critiche. Il controllo mentale non è altro che usare parole e idee per convincere qualcuno a dire o fare qualcosa che non avrebbe mai pensato di dire o fare da solo.

Ci sono metodi scientificamente provati che possono essere usati per influenzare altre persone. Il controllo mentale non ha nulla a che fare con la falsità, le arti antiche o persino i poteri magici. Il vero controllo mentale è davvero la base di una parola che molte persone odiano sentire. Quella parola è marketing. Molte persone odiano sentire questa parola a causa delle connotazioni negative ad essa associate. Quando la gente sente "marketing", presume automaticamente che si riferisca a quelle idee insegnate alla scuola di business. Ma la base del marketing non è decidere quale parte del mercato prendere di mira o decidere quali clienti compreranno probabilmente questo prodotto. La base del marketing è una parola molto semplice. Quella parola è "sì"

Se un venditore chiede a un cliente abituale di scrivere una breve recensione del prodotto che compra, si spera che dica di sì. Se qualcuno chiede al proprio partner commerciale di prendere alcuni biglietti da visita da passare al lavoro, probabilmente, dirà di sì. Se scrivi qualsiasi tipo di blog e chiedi ad un altro blogger di pubblicare un link al tuo sul suo blog, si spera che dirà di sì. Quando abbastanza persone dicono di sì, l'attività o il blog inizierà a crescere. Con ancora più sì, continuerà a crescere e a prosperare. Questa è la base molto semplice del marketing. Il marketing non è altro che usare il controllo mentale per indurre altre persone a comprare qualcosa o a fare qualcosa di benefico per qualcun altro. E le tecniche sono molto semplici.

La prima tecnica nel controllo mentale è dire alla gente quello che vuoi che loro vogliano. Non dire mai alla gente di pensarci sopra o di prendersi del tempo. Questo è un sicuro abbattimento del controllo mentale. La gente ha già troppe cose in testa. Quando si dice loro di pensare a qualcosa, non lo faranno. Verrà dimenticato, e quindi non accadrà mai. Questo non ha niente a che fare con l'essere stupidi o pigri e tutto a che fare con l'essere semplicemente troppo occupati.

Quindi, la migliore strategia è prendere l'offensiva e pensare per loro. Tutto deve essere spiegato all'inizio. Non dare mai per scontato che l'altro blogger capirà automaticamente i benefici dell'aggiunta di un link sarà per loro. Non aspettarti che qualcuno dia una spiegazione alla cieca. E chiedere semplicemente una recensione, anche se potrebbe ottenere una risposta positiva, probabilmente non otterrà una testimonianza ben formata per il prodotto. Invece, sii preparato a spiegare il blog, mostrare esempi e offrire ragioni convincenti per cui questa fusione sarà un beneficio per entrambe le parti. Ad avere la dimostrazione preparata nei minimi dettagli con note su cosa dire quando e immagini per accompagnare le note, così tutto quello che l'altra persona deve fare è presentare le informazioni. Offrire al cliente alcune varianti di testimonianze che sono già state ricevute e chiedergli di sceglierne una e personalizzarla un po'. Essere sempre specifici nello spiegare ciò che si desidera. Spiegare perché è desiderato. Mostrare come funzionerà. Di' alla persona come farlo e perché dovrebbe farlo. Se fatto correttamente, si sentirà esattamente come un amico che consiglia un altro amico su quale sia il miglior percorso da fare. E la risposta sarà sì semplicemente perché dire sì ha molto senso.

Pensa alla valanga. Prova a pensare di salire in cima alla montagna più alta che esista. Ora, in cima, immagina di cercare il masso più grande e pesante che esiste sulla montagna. Ora, prova a immaginare di evocare una forza sovrumana per spingere questo masso, staccandolo dal posto in cui ha riposato per anni e anni. Una volta che questo masso è staccato, rotola facilmente oltre il bordo della scogliera, schiantandosi contro migliaia di altri massi sulla sua strada giù per la montagna, portando con sé metà della montagna in una bella cascata di rocce e terra. Immagina di stare seduto lì a sorridere allegramente alla valanga che è stata appena creata.

Il marketing e il controllo mentale sono molto simili alla creazione di una valanga. Riuscire a far rispondere di sì la prima persona potrebbe essere difficile. Ma ogni sì successivo sarà sempre più facile. E comincia sempre dall'alto, mai dal basso. Iniziare dall'alto è più difficile, ed è più probabile che all'inizio ci siano più risposte negative che positive. Ma iniziare dalla cima dà anche una ricompensa molto maggiore quando la valanga inizia. E i risultati saranno di gran lunga maggiori rispetto all'iniziare ai piedi della montagna. Sì, la piccola roccia è più facile da spingere. Poi si può costruire su di essa spingendo un'altra piccola roccia, poi un'altra ancora. Questo modo può funzionare, ma richiederà molto più tempo che avere successo in cima. Nessuno è mai andato a pescare il pesce più piccolo nello stagno o ha fatto un'audizione per il ruolo secondario solo per essere al sicuro. Tutti vogliono il primo premio. Non avere paura di andare a prenderlo.

D'altra parte, non chiedere mai l'intero masso la prima volta. Chiedi una parte di esso. Questo può sembrare direttamente contraddittorio, ma non lo è. Inizia sempre con un piccolo pezzo. Rendi l'inizio più facile da vedere per tutti. Lascia che gli altri usino il loro intuito per vedere il risultato. Quando il primo pezzo va bene, allora chiedi gradualmente sempre di più e sempre di più.

Pensa a scrivere un pezzo per qualcuno che ha il suo blog. Inviando prima l'intero manoscritto, c'è un rischio maggiore di rifiuto. Inizia in piccolo. Manda loro un paragrafo o due in cui si parla dell'idea. Poi, abbozza l'idea e mandala in un'email. Poi scrivi la bozza completa che vorresti che usassero e mandala. Quando si chiede a un cliente una testimonianza, si inizia chiedendo poche righe in un'e-mail. Poi chiedi al cliente di espandere quelle poche righe in una testimonianza che copra almeno mezza pagina dattiloscritta. Presto il cliente sarà pronto per un webcast di un'ora che esalta le virtù del prodotto e le tue grandi capacità di servizio al cliente.

Tutto deve avere una scadenza che esiste realmente. La parola importante qui è la parola "reale". Tutti hanno sentito un venditore che ha detto di decidere in fretta perché l'affare potrebbe non essere disponibile più tardi o perché stava arrivando un altro cliente e avrebbe potuto prenderlo. Questa è un'invenzione totale e tutti sanno che è così. Non ci sono altri clienti imminenti e l'affare non sparirà. Non c'è un vero senso di urgenza. Ma tutti lo fanno. Ci sono troppe situazioni in cui alle persone viene data una finta scadenza da qualcuno che pensa di infondere un grande senso di urgenza per il completamento del compito. Non solo è completamente inefficace, ma completamente inutile. Si tratta semplicemente di creare una vera urgenza. Lascia disponibili cose gratuite solo per un periodo di tempo finito.

Dai sempre prima di ricevere. E non pensare mai che dare sia fifty-fifty. Dai sempre molto di più di quello che ci si aspetta in cambio. Prima di chiedere una recensione di un cliente soddisfatto, assicurati di fare numerosi atti di servizio al cliente. Prima di chiedere un link a un autore di blog, collega il loro al tuo molte volte. Non si tratta di aiutare qualcuno in modo che lui aiuti tu. Si tratta di essere così totalmente generosi che la persona a cui viene chiesto il favore non può assolutamente dire di no. Potrebbe significare lavoro extra, ma è così che si influenzano le altre persone.

Sostieni sempre qualcosa di molto più grande della media. Non scrivere solo un altro blog su come fare qualcosa. Usa una questione importante per prendere posizione e difendi la posizione con una logica imbattibile e una passione fervente. Non limitarti a scrivere un manuale su come fare. Scegli un'idea particolare e vendi alla gente, usando esempi di altre persone con la stessa idea che condividono la filosofia.

Non provare mai vergogna. Questo non significa essere estremamente estroversi fino alla stupidità o avere una totale mancanza di coscienza nei rapporti d'affari. Nel caso del controllo mentale, la spudoratezza si riferisce alla completa convinzione che questo corso d'azione sia il migliore possibile e che tutti ne trarranno grande beneficio. Si tratta di scrivere il miglior blog possibile e credere che tutti debbano leggerlo per poter migliorare la propria vita. Si tratta di credere in un particolare prodotto così profondamente che la sensazione è che tutti trarranno beneficio dal suo utilizzo. È sapere nel profondo che questa convinzione è la convinzione più corretta in assoluto e tutti dovrebbero crederci.

Il controllo mentale utilizza l'idea che le decisioni e le emozioni di qualcuno possono essere controllate usando mezzi psicologici. Si tratta di usare i poteri di negoziazione o di influenza mentale per garantire che il risultato dell'interazione sia più favorevole a una persona rispetto all'altra. Questo è fondamentalmente ciò che è il marketing: convincere qualcuno a fare qualcosa di particolare o a comprare qualcosa in particolare. Essere in grado di controllare la mente di qualcun altro significa semplicemente capire il potere dell'emozione umana ed essere in grado di giocare su queste emozioni. È più facile avere un impatto mentale sulle persone se c'è una comprensione di base delle emozioni umane. Le persone arrabbiate si tirano indietro quando il soggetto della loro rabbia non ha paura. Le persone arrabbiate si nutrono della paura degli altri. Il senso di colpa è un altro grande motivatore. Far sentire qualcuno in colpa per non pensare o sentire è un modo meraviglioso per farlo cedere. Un altro modo per usare il controllo mentale su qualcuno è sottolineare quanto sia prezioso per la situazione.

Capitolo 3:
Manipolazione mentale

Un'altra concentrazione nel campo della ricerca della psicologia nera è la manipolazione mentale. Può essere un elemento sia di controllo che di influenza, in quanto le due strategie arrivano all'interno della tua psiche e tentano di farti realizzare qualcosa, pensare qualcosa, o seguire la strada di un'altra persona al posto della tua. Per alcuni individui, la manipolazione mentale può significare varie cose, come controllo, influenza, impatto e indottrinamento. Vedremo la manipolazione mentale come un approccio per cambiare le contemplazioni, le convinzioni e il controllo delle attività di un individuo.

Numerosi individui accettano che il controllo del cervello è uno dei tipi di impatto più avvolti nell'ombra perché la stragrande maggioranza non ne è nemmeno consapevole. È inoltre una procedura ragionevole, che rende più difficile per gli individui prenderne atto. Gli individui sotto il controllo della psiche sentiranno che si stanno stabilendo sulla loro scelta, eppure un'altra persona fa queste scelte. Dovresti sapere che il tempo necessario per controllare il cervello di qualcuno dipende dalle strategie utilizzate: il carattere, gli elementi individuali e gli elementi sociali. Di tanto in tanto, la manipolazione mentale può avvenire alla luce del potere fisico.

Come il controllo e l'influenza, la manipolazione mentale è usata nella nostra esistenza quotidiana. Per la maggior parte, siamo inconsapevoli che le strategie che le organizzazioni pubblicitarie utilizzano sono un tipo di controllo mentale. In ogni caso, quando riescono a farci accettare che il loro articolo è il migliore, è questo che stanno facendo. Questo non implica che tu debba sapere cosa fanno le organizzazioni di promozione in modo coerente. La manipolazione mentale che dovresti conoscere è quella oscura. Dovresti sapere che la manipolazione mentale è quella che ti può danneggiare negativamente. Concentrarsi sulle promozioni è un metodo eccellente per provare come controllarti contro la manipolazione mentale e capire quali procedure vengono utilizzate.

Modi in cui puoi controllare le persone o essere controllato

Gli individui che hanno bisogno di controllare i loro cervelli possono utilizzare uno qualsiasi dei metodi o sistemi di accompagnamento che rientrano nel controllo o nell'influenza. Una delle variabili più significative da ricordare è che gli individui che controllano gli altri sono incredibili nel capire gli individui. Possono normalmente determinare che tipo di individuo stanno gestendo in poco tempo. Questo li incoraggia a riconoscere quale tipo di sistema possono utilizzare e quale no. Permette loro anche di capire che tipo di individuo sei. Devono sapere se hai una tonnellata di entusiasmo e qualità mentali, perché questo può rendere la loro attività più difficile. Devono vedere se hai un'alta fiducia in te stesso oppure no.

Modellamento della condotta e condizionamento

Il modellamento della condotta, altrimenti detto alterazione, è il modo di far fare agli individui ciò di cui hai bisogno. Lo si fa attraverso una progressione di remunerazioni e discipline. Si usa nei corsi di educazione dei bambini e nei corsi di ricerca sul cervello a scuola. Bisogna capire che la regolazione del comportamento è la dimostrazione del cambiamento della condotta di qualcuno. Quando l'individuo segue in modo affidabile il comportamento su cui è stato istruito, è noto come modellamento sociale. Un'alterazione sociale precederà costantemente il modellamento della condotta.

Gli individui che devono assumersi la responsabilità della tua mente superano le aspettative nel cambiamento di comportamento. Questo perché devono cambiare la tua condotta per condizionarti, e questo è il punto in cui hanno il pieno controllo. Devono assicurarsi che l'opposizione verso le pratiche di cambiamento sia trascurabile. Finiranno per combattere con il modellamento. Puoi anche arrivare alle loro inclinazioni di controllo del cervello e fare quello che puoi per porvi fine.

Processi di cambio delle convinzioni

Forse la più grande chiave per alterare la prospettiva di qualcuno è concentrarsi sul cambiamento delle sue forme di convinzione. Questo implica che non solo si cambia la loro convinzione; si cambia il pensiero che c'è dietro.

Probabilmente il più grande argomento in cui la manipolazione mentale è accettabile è la ricerca del cervello. Un controllore del cervello considererà come il loro obiettivo pensa per affrontare i suoi punti di vista. Questo li porta ad aprire un varco nel controllo del cervello del loro obiettivo. Questo rende gli specialisti probabilmente il miglior modello per la manipolazione mentale. In ogni caso, i consulenti cercano di permettere ai loro clienti di cambiare le pratiche per migliorare la loro vita. I controllori mentali hanno bisogno di cambiare le regole del loro obiettivo in modo da poter acquisire il controllo sull'individuo.

Cambiamento di credenze nascoste

Non c'è bisogno di utilizzare immagini per convincere qualcuno a cambiare le proprie convinzioni. La maggior parte dei controllori del cervello, che stanno cercando di controllarti per prendere il sopravvento, non si concentreranno sulle immagini. Questo perché andrete troppo d'accordo, soprattutto all'inizio. Questo non significa che non metteranno mai immagini nella tua mente. Implica solo che, in generale, si concentreranno di più sui cambiamenti di convinzione clandestini.

I controllori della psiche dovrebbero assicurarsi di avere la tua fiducia, il tuo riguardo e la tua collaborazione con loro. Senza queste variabili, non avranno la possibilità di cambiare le loro convinzioni. Sono inoltre talentuosi nel legare. Questo perché capiscono che i sentimenti sono regolarmente una guida affidabile per gli individui e non sanno come controllare le loro emozioni. Per gli individui che sanno mantenere bene i loro sentimenti, la manipolazione mentale si batterà per diventare efficace attraverso questa tecnica.

Il passo iniziale per il controllore della psiche ti porterà alla condotta che hanno bisogno di cambiare. Nel momento in cui fanno questo, cercheranno di essere poco appariscenti nei loro sforzi. Non si comporteranno come se avessero bisogno di cambiare la tua condotta in modo diretto. Tuttavia, potrebbero fare riferimento a come ha influito su di loro, poiché questo evocherà una reazione entusiasta da parte tua.

Quando darai loro una sensazione, tireranno fuori il metodo di aggancio. Qualunque sia la condotta che hanno bisogno che tu trasformi, ti forniranno tranquillamente ciò che devi fare. Anche se questo probabilmente non funzionerà rapidamente, comincerai a cambiare la tua condotta. Ti ricorderai come ti sei sentito quando hai parlato ogni volta che fai ciò che il tuo compagno di vita sente che non è giusto. Dopo un po' di tempo, smetterai di prendere parte a questa condotta sempre più spesso, poiché ti dà un'inclinazione negativa.

Premi e conseguenze

Ormai è una sfida per gli adulti, perché ricevono premi e reazioni per le loro attività. Questo accade alcune volte ogni giorno, eppure ogni tanto ci facciamo caso. Per esempio, se completi un compito, il tuo manager si complimenta con te. Se non riesci a finire l'incarico entro il tempo limite e devi chiedere un'espansione, sentirai il fallimento nella sua voce. Questo avrà un esito negativo, che ti renderà sempre più attento al tempo sulla tabella. In seguito sarai obbligato a rispettare i tempi limite.

I controllori mentali seguiranno allo stesso modo il quadro dei premi e dei risultati. Se esci con i tuoi compagni quando la persona amata ti ha chiesto di non farlo, ti riserverà il trattamento silenzioso per due o tre giorni. Questo ti farà capire che sono sconcertati da te, il che ti farà disilludere in te stesso. Anche se probabilmente non capirai perché lo stanno facendo, visto che sei appena uscito con alcuni compagni, i tuoi sentimenti ti controlleranno più delle tue considerazioni. Per esempio, quando la tua dolce metà ti rivela che preferirebbe che tu rimanessi a casa piuttosto che uscire. Sei obbligato a considerare di rimanere a casa. Questo non significa che lo farai.

Il passaggio da "io" a "tu"

Questo è basilare nella discussione abituale, il che comporta che accade spesso, e forse non è facile da individuare. Tuttavia, gli individui che stanno cercando di controllare il tuo cervello sposteranno regolarmente le loro storie su di te. Questo implica che invece di dire "io", diranno "tu".

Ci sono alcune spiegazioni dietro questo. Una ragione è che dà ad entrambi una sensazione di associazione. Questo è qualcosa che gli studiosi usano spesso per interfacciarsi positivamente con il loro pubblico. In ogni caso, per quanto riguarda la manipolazione mentale, questo viene utilizzato in modo progressivamente negativo. I controllori della psiche che hanno bisogno di lavorare sulla tua autostima useranno il "tu" quando esamineranno una storia negativa, una che può metterti in cattiva luce. Anche se ti rendi conto che non hai fatto questo, e non sei molto della storia, questo entra nella tua mente psichica e può farti accettare che hai fatto qualcosa di simile nella tua vita. Di conseguenza, le tue emozioni verso l'individuo nella storia sono ciò che stai provando verso te stesso.

Pensare al posto tuo

Gli individui che hanno bisogno di controllarti intellettualmente non avranno difficoltà a cominciare a pensare per te. La loro trovata è regolare; all'inizio cominceranno a stabilirsi su una scelta per te dove veramente non fa differenza. Potresti esaminare qualcosa e fargli sapere: "Non so cosa penso. Lasciami considerare". Questo è un modo aperto per qualcuno che ha bisogno di controllare la tua mente. Questo rivela loro che hai bisogno di assistenza per decidere su una scelta. In seguito, se loro intervengono per decidere la scelta al posto tuo in modo discreto, non ti disturberà.

Ti diranno qualcosa come: "Mi rendo conto che sei preoccupato per tutto il resto, quindi perché non lasci che sia io a decidere la scelta, e ne discuteremo". Poi, per apparire come se avessero messo da parte uno sforzo per decidere la scelta, verranno da te un po' più tardi con la loro risposta. Si comporteranno come se tu avessi una posizione o come se gli importasse la tua opinione sulla loro scelta. Sia come sia, tu non hai veramente una decisione. Stanno semplicemente tentando di farti credere che possono decidere per te.

A quel punto, cominceranno a fare altre scelte per te senza la tua autorizzazione. Comunque sia, non darai molta considerazione a queste scelte perché non sono veramente troppo significative. A quel punto, smetteranno di ottenere delle informazioni su qualsiasi cosa. Questo è il punto in cui cominciano a limitare le tue scelte, anche se tu, nonostante tutto, probabilmente non te ne accorgerai perché hai cominciato ad abituarti a loro che pensano per te.

Capitolo 4: Tecniche del controllo mentale

È intrigante vedere che il controllo esiste da un bel po' di tempo, e che è tutt'altro che un'idea diversa o inesistente. Capire cosa sia in realtà la specialità dell'influenza è essenziale, per aiutarti a gestirla.

Qui, diamo momentaneamente un'occhiata alla scienza cognitiva del controllo. Questo ci permette di vedere dove può accadere nella nostra vita. Inoltre ti aiuterà a riconoscere le persone che possono tentare di controllarti. Non si tratta solo di individui che amano sopraffare. Nella remota possibilità che non abbiamo alcuna conoscenza di ciò che sta succedendo a noi, forse siamo spinti ad agire in modi che sono incomprensibili al nostro carattere e condotta ordinaria. Capire come il commercio può convincere i clienti ad acquistare i loro prodotti e le loro imprese. Percepire tali strategie aiuterà a gestire la capacità di influenza.

Ci piace accettare di essere persone che si accontentano di decisioni ragionevoli. Nel nostro percorso di vita, generalmente non abbiamo il pieno controllo, e generalmente non lo capiamo. Da bambini, siamo influenzati dai nostri genitori e abbiamo poco controllo su come veniamo cresciuti. Una volta nella vita scolastica, siamo ulteriormente controllati. Gli insegnanti ci rivelano le pratiche accettate e ciò che ci si aspetta da noi in pubblico. Da adulti, siamo adescati dai politici che cercano di ottenere molti voti. Molti sono convinti a decidere a favore di un gruppo a causa di ciò che garantiscono per il futuro, indipendentemente dal fatto che non abbiano davvero fiducia nei loro approcci. Questo dà a tali politici il potere, e le loro scelte influenzeranno le nostre vite. È esatto dire che abbiamo il pieno controllo delle nostre vite, o diremmo che siamo semplicemente influenzati dagli individui che conoscono tutte le trovate dell'influenza?

Linguaggio persuasivo

La rappresentazione che ogni immagine racconta una storia è eccezionalmente evidente. Le parole possono essere più notevoli in quanto ci muovono e ci sostengono, fino al luogo del controllo. Quante volte ti è capitato di essere scosso da un oratore gentile, il cui discorso impegnativo ti ha fatto pensare fino in fondo? Le parole hanno un impatto anche quando siamo persi totalmente in un libro straordinario. L'arte delle parole può essere molto persuasiva nel costringerci ad accettare qualcosa, in ogni caso, quando i nostri occhi ci avvertono inaspettatamente. La corrispondenza è una risorsa straordinaria, in particolare per indurre gli individui a fare le cose.

- I pubblicitari e i venditori usano il linguaggio per convincere che i loro prodotti sono proprio quello che stiamo cercando. Usano parole come "ragionevole", "facile da usare", "sicuro", "divertente", "che fa risparmiare tempo", "garantito per durare". Si noti come ognuna di queste parole ci induce ad accettare che siano certi dei loro articoli.

- I politici useranno un linguaggio come "noi" per includerti nella loro realtà e "noi" per farti sentire un pezzo di un gruppo. Queste sono tutte strategie di corrispondenza per farci sentire inclusi, quindi successivamente significativi.

- - Le minacce usano il linguaggio insieme a comportamenti forti, per realizzare i loro obiettivi ristretti.

- - I cacciatori di criminali, come i casi mentali, i sociopatici e i narcisisti, sono generalmente individui che hanno familiarità con l'utilizzo di un linguaggio seducente. Questo è un modo per ottenere il loro modus operandi specifico e sorvegliare qualcun altro.

Tecniche usate nel controllo mentale

Il controllo mentale attuale è sia creativo che mentale. I test dimostrano che essenzialmente scoprendo i metodi per il controllo mentale, gli effetti possono essere diminuiti o scartati, in ogni caso per la pubblicizzazione e la dichiarazione del controllo mentale. Progressivamente difficili da contrastare sono le interferenze attuali, che il complesso militare-meccanico continua a fare e migliorare.

1. **Educazione:** Questo è semplicemente il più ovvio, ma le parti rimanenti sono le più sfuggenti. È sempre stato il sogno assoluto di un possibile despota di "educare" i giovani tipicamente reattivi, ed è stata una parte centrale dei sistemi severi comunisti e fascisti dall'inizio dei tempi. Nessuno è stato progressivamente strumentale nello scoprire l'ispirazione della guida attuale più di *Charlotte Iserbyt*, si può iniziare l'esame di questo settore scaricando il suo libro in PDF gratuito, *The Deliberate Dumbing Down of America*, scoprendo il lavoro delle fondazioni globaliste nell'inquadrare un futuro destinato a trasmettere macchine servili governate da una classe selezionata totalmente istruita e attenta.

2. **Promozione e propaganda:** Edward Bernays è stato indicato come il creatore della cultura consumistica che è stata organizzata essenzialmente per azzerare l'immagine psicologica di sé della gente (o la carenza lì intorno) per cambiare un bisogno in una necessità. Questo è stato fin dall'inizio previsto per le cose, per esempio, le sigarette. Indipendentemente da ciò, Bernays notò anche nel suo libro del 1928, Propaganda, che "l'esposizione deliberata è il braccio dell'autorità del governo impalpabile". Questo può essere visto più indiscutibilmente nello stato di polizia di alto livello e nella creazione di una cultura locale di nark, avvolta dalla pseudo-eccitazione della Guerra al Terrore. L'associazione estensiva dei

media ha permesso all'intero disegno corporativo di fondersi con il governo, che attualmente utilizza la possibilità di un piano di proclamazione. I media, la stampa, i film, la televisione e le notizie di comunicazione avrebbero ora la possibilità di lavorare in modo impeccabile per unire un messaggio globale che sembra avere carattere di verità poiché parte da un numero particolarmente grande di fonti, simultaneamente. Nel momento in cui ci si spinge a diventare delicati nel percepire il "messaggio" di base, si vedrà questa incisione tutta finita. Inoltre, questo non è nemmeno determinare l'educazione del subconscio.

3. **Programmazione preventiva:** Molti in realtà rifiutano che i programmi per PC di composizione sensata siano reali. La programmazione lungimirante ha le sue cause nella Hollywood prevalentemente elitaria, dove il grande schermo può offrire una visione significativa di dove sta andando la società. Basta guardare ai libri e ai film che pensavate fossero dubbiosi, o "fantascienza", ed esaminare la società di oggi. Per una ripartizione rapida e pulita di modelli inequivocabili, *Vigilant Citizen* è una risorsa strabiliante che senza dubbio vi farà guardare al "piacere" in una luce assolutamente unica.

4. **Sport, politica e religione:** Alcuni possono disdegnare di vedere la religione, o anche le

questioni autoritarie, messe insieme con lo sport come una strategia per il controllo della mente. Il tema centrale è sempre lo stesso: disconnettere e vincere. I quadri sono estremamente diretti: ostacolare la propensione di base delle persone a partecipare per la loro perseveranza, e addestrarle a delineare gruppi centrati sul controllo e la vittoria. Lo sport ha fatto in modo affidabile un certo lavoro come reindirizzamento chiave che converge le inclinazioni naturali in un evento non grave, che nell'America di oggi ha mostrato a gradi insensati che le difficoltà scoppieranno riguardo un gioco di VIP che lasciano la loro città, ma questioni umane fondamentali, per esempio le pari opportunità, vengono trattate come insignificanti.

5. **Cibo, acqua ed aria:** Gli additivi, i veleni e altri alimenti alterano realmente la scienza della mente per renderci molli e freddi. È stato dimostrato che il fluoro nell'acqua potabile riduce il QI. L'aspartame e il MSG sono eccitotossine che stimolano i neurotrasmettitori fino a dare un colpo al cervello, e l'accesso di base al cibo economico che contiene questi veleni tutto sommato ha formato una popolazione generale che richiede comunità e motivazione per uno stile di vita lavorativo. Di gran lunga la maggior parte del mondo in prima linea è impeccabilmente preparato per la responsività non coinvolta - e l'affermazione - del tiranno supremo.

6. **Medicinali:** Possiamo paragonare questo a qualsiasi sostanza che crea dipendenza, in ogni caso la missione dei regolatori del cervello è di essere sicuri di essere sottomessi a qualcosa. Un ramo essenziale dell'ispirazione del controllo mentale all'avanguardia è la psichiatria, che spera di ritrarre tutte le persone in base al loro problema, piuttosto che al loro potenziale umano. Questo è stato prefigurato nei libri, per esempio, Brave New World. Oggi, è stato portato ai limiti dell'aiuto estensivo, poiché il maltrattamento riparatore ha preso piede dove circa tutti hanno una specie di disordine, in particolare le persone che mettono in discussione l'autorità. L'uso di sedativi nervini nell'esercito ha provocato quantità record di suicidi. Per finire, lo stato di prescrizione all'avanguardia ha ormai più del 25% degli adolescenti statunitensi sotto farmaci che desensibilizzano la mente.

7. **Test militari:** C'è una lunga storia legata ai militari come terreno di dimostrazione per il controllo mentale. Il carattere militare è forse il più flessibile, poiché le persone che cercano l'aldilà nell'esercito tutto sommato rispondono ai disegni di movimento, controllo, e la necessità di una sistemazione incontrastata a una missione. Per il numero esteso di individui militari che indagano il loro impatto, una storia continua ha evidenziato i piani di gioco di DARPA per i difensori della testa

di controllo della psiche trans cranica che li terrà concentrati.

8. **Territorio elettromagnetico:** Un miscuglio elettromagnetico ci avvolge tutti, caricato dagli attuali aggeggi di comodità che sono serviti a influenzare in modo diretto il lavoro della mente. A conferma verificabile di ciò che è possibile, un ricercatore ha lavorato con un "difensore della testa dell'essere divino" per attuare i sogni cambiando il campo elettromagnetico del cervello. La nostra minestra elettromagnetica di alto livello ci ha salvato in modo inattivo da onde possibilmente evolutive della mente, mentre un'ampia estensione di risultati probabili, per esempio le torri telefoniche, è attualmente disponibile all'inevitabile regolatore del carattere per un intervento più diretto.

Il controllo mentale è più comune di quanto molti pensino. Non è facile da rilevare a causa della sua natura sottile. In molti casi, avviene sotto ciò che viene percepito come circostanze normali come attraverso l'educazione, la religione, i programmi televisivi, la pubblicità e molto altro. I culti e la loro leadership usano il controllo mentale per influenzare i loro membri e controllare qualsiasi cosa facciano. Non è facile individuare il controllo mentale. Tuttavia, quando uno se ne rende conto, può uscirne e ricominciare da capo.

Capitolo 5: Tecniche di manipolazione mentale

La manipolazione è il punto cruciale della Psicologia Nera, che mira a cambiare la percezione e il comportamento del soggetto. Il manipolatore usa varie tattiche per migliorare il pensiero del soggetto verso una particolare situazione, cosa, persona o materia. I manipolatori usano diverse tattiche come la persuasione, il lavaggio del cervello e il ricatto per influenzare gli altri ad obbedire loro.

Il profano ha bisogno di conoscere le manipolazioni che ognuno di noi avrebbe affrontato nella sua vita. L'intenzione del manipolatore potrebbe essere quella di ottenere benefici dal soggetto o di danneggiarlo. Lo svantaggio della manipolazione è che il manipolatore non si preoccupa dei sentimenti e dei bisogni dell'individuo. I manipolatori non si preoccupano dei soggetti se vengono danneggiati fisicamente o emotivamente. Controllano la mente degli altri ricattandoli o minacciandoli o qualsiasi cosa sia necessaria per sopraffare gli altri.

Molte volte, i soggetti riconoscono di essere manipolati, ma non lo considerano come una forma di tattica usata per controllarli o danneggiarli.

Alcune persone considerano la manipolazione come un modo per condurre una vita di successo. A questo proposito, i manipolatori usano una serie di manipolazioni e trucchi per sopraffare il soggetto. Alcune di queste tecniche/manipolazioni sono le seguenti:

Mentire

I manipolatori sono coinvolti in storie false, esagerazioni o verità parziali. Nascondono al soggetto il vero lato della storia per far sì che si conformi a loro. Per esempio, i marchi di solito forniscono false dichiarazioni sui servizi dei loro prodotti, che non offrono in realtà.

Sovvertire la verità

I manipolatori fanno girare i fatti per farli combaciare con i loro punti di vista. Questo è spesso fatto dai politici che distorcono la verità per adattarla al meglio alle loro politiche e regole. I manipolatori in questo tipo di tattica giustificano le loro dichiarazioni fornendo false giustificazioni e chiarimenti. Girano le dichiarazioni per farle combaciare con le loro idee o punti di vista anche quando non comportano alcuna base originale

Revoca dell'affetto

I manipolatori spesso persuadono le persone revocando l'amicizia e l'amore al soggetto. In questo modo, torturano mentalmente il soggetto e lo costringono a conformarsi a loro. Questo accade in una relazione romantica quando uno dei partner non si adegua agli altri. Quando uno dei partner non si impegna più nell'affetto, nell'amore o nella conformità, l'altro può adattarsi automaticamente alle abitudini e ai comportamenti che il manipolatore vuole che esibisca

Battute sarcastiche

L'influencer usa battute sarcastiche sul suo soggetto di fronte agli altri per mostrare loro quanto è potente. I commenti negativi e meschini sono dati al soggetto davanti a tutti per mostrare il potere del manipolatore. Molti individui che vogliono evitare questi commenti negativi e sarcastici di fronte a tutti spesso si impegnano nel comportamento che il manipolatore vuole che esibiscano.

Far sentire il soggetto impotente

Persone innocenti sono spesso vittime di questo tipo di tattica. I manipolatori fanno sentire il soggetto impotente per la sua vita schifosa. Nella fase dell'impotenza, quando l'influenzato pensa di essere impotente e che non c'è nessuno che condivida i suoi problemi o altro. A quel punto, l'influencer arriva come l'aiutante dell'individuo. Allora l'influencer approfitta dell'impotenza del soggetto e fa sì che la vittima gli obbedisca

Uso dell'aggressione

Per mostrare dominio e potere sugli individui, il manipolatore usa l'aggressione come strumento per prendere il controllo sugli altri. Il manipolatore si impegna nell'aggressione, lo scoppio d'ira per spaventare la persona interessata. Così, l'individuo si spaventa e si concentra di più sul controllo della rabbia del manipolatore invece di parlare del problema originale.

Fare la vittima

Il manipolatore a questo livello scambia la parte e si comporta come una vittima per guadagnare le simpatie degli altri. Va dalla persona desiderata e guadagna in questo modo le sue simpatie. L'individuo si inclina automaticamente verso i bisogni e le richieste del manipolatore e soddisfa i suoi desideri. Questa è la tecnica di influenzamento più usata dai pretendenti.

Fingere ignoranza

In questo tipo di tattica, l'influencer non vuole farti sapere cosa vuole. Il manipolatore farà finta di ignorare l'individuo. Questo viene fatto per deviare l'attenzione dell'individuo verso il manipolatore. L'individuo ad un certo punto si conformerà al manipolatore per fargli prestare attenzione.

Minacce

Una delle tattiche di influenzamento più frequentemente usate è abusare e punire gli altri. L'influenzatore spesso si lancia in comportamenti aggressivi e minacce all'individuo. Inoltre, l'influenzatore punisce l'individuo per sopraffarlo e farlo obbedire. Molte volte, l'influenzatore coinvolge la violenza fisica, l'abuso mentale, e molti altri comportamenti punitivi.

Ricatto emotivo

Il ricatto emotivo è un'altra tecnica di manipolazione che l'influencer usa per sopraffare l'individuo. Il manipolatore potrebbe intrappolare l'individuo ricattandolo emotivamente che è egoista e non si preoccupa di ciò che sta succedendo nella vita dell'influencer. Questa tattica aiuta l'influencer a intrappolare meglio l'individuo e a renderlo ansioso e confuso.

Fingere empatia

Come tutti sapete, gli influenzatori o i manipolatori di solito non entrano in empatia con le persone, ma se lo fanno è per il loro bene. Fingono di amare o empatizzare con l'individuo, ma in realtà non è così. Questo aiuta i pretendenti a inclinare gli individui verso di lui. Questa è una grande tattica per far sì che qualcuno vi obbedisca in modo molto sano e calmo.

Rinforzo positivo

Come sapete, i doni e i regali sono considerati un segno d'amore e di fascino per tutti. I regali migliorano e cambiano il modello di pensiero dell'individuo verso chi li fa. Il rinforzo positivo è una tecnica usata da molte persone; consiste nel dare regali, giocattoli preferiti, denaro, e molti altri preferiti della persona. Per esempio, i genitori regalano auto sportive preferite ai loro figli quando si diplomano con buoni voti; gli insegnanti fanno regali ai loro studenti quando fanno i compiti o le attività in modo efficiente.

Minimizzazione

Questa tattica è usata per minimizzare l'effetto delle malefatte dei manipolatori. I manipolatori cercano di convincere l'individuo che ciò che hanno fatto non era così dannoso o cattivo come sembrava. Tuttavia, quando un individuo fa confrontare il manipolatore con le sue azioni sbagliate, il manipolatore potrebbe considerarlo come l'esagerazione o la reazione eccessiva dell'individuo. In altre parole, la minimizzazione comporta la riduzione degli effetti negativi delle azioni sbagliate del manipolatore.

Capitolo 6: Tutti i segnali del linguaggio del corpo

Immagina se tu potessi "leggere" il linguaggio del corpo fino al punto di sapere esattamente ciò che qualcuno sta esprimendo, nonostante le parole effettive che ti stavano dicendo. Questo è effettivamente qualcosa che si può fare in una certa misura. Parliamo delle microespressioni. Reso popolare in gran parte da un programma intitolato Lie to Me, che si concentrava sulla vita fittizia del dottor Cal Lightman, Lie to Me era la storia di uno specialista comportamentale che poteva dire se qualcuno stava mentendo in base ai tic facciali e avrebbe fatto sapere al medico se qualcuno stava mentendo o altrimenti impegnato in inganno.

La scienza dello show è sorprendentemente accurata al novanta per cento, ma, mentre non possono dire se qualcuno sta effettivamente mentendo, possono darti un'idea molto buona se qualcuno sta provando emozioni contrarie alla storia che sta raccontando. Quindi, quanto è accurata la scienza? È abbastanza accurata da essere insegnata all'FBI e ai servizi segreti degli Stati Uniti. Scoperta per la prima volta nel 1966 dal dottor Isaacs e dal dottor Haggard. Le microespressioni hanno guadagnato popolarità più tardi con le ricerche del dottor Paul Ekman. Studiando molte competenze di sedute psichiatriche, il Dr. Ekman è stato in grado di discernere sette diverse emozioni che erano presenti, nonostante la lingua o la cultura dell'individuo studiato. Affascinante? No? Ci addentreremo un po' nelle micro-espressioni e poi ulteriormente nel linguaggio del corpo comune contro il linguaggio del corpo culturalmente influenzato per permettervi di avere una migliore comprensione di come trattare con i praticanti della psicologia oscura.

Questi sono in realtà solo indicatori della presenza di sentimenti piuttosto che prove effettive di inganno. Si tratta comunque di una scienza affascinante che può esserti utile - sette diversi fattori universali che puoi vedere chiaramente sul volto di qualcuno se sai cosa stai cercando. Anche un esperto psicologo oscuro non può nascondere le emozioni se sai dove guardare.

I sette fattori emotivi (che si mostrano indipendentemente dal tuo background linguistico o culturale) sono i seguenti:

1. **Felicità:** Gli angoli delle labbra sono rivolti verso l'alto. Le rughe (zampe di gallina) ai lati degli occhi sono presenti, insieme a un innalzamento delle guance.

2. **Rabbia:** Le labbra sono premute strettamente insieme. Si verifica anche un allargamento degli occhi e un abbassamento delle sopracciglia al centro della fronte.

3. **Tristezza:** Gli angoli delle labbra sono rivolti verso il basso. Sopracciglia angolate, vicine e sollevate.

4. **Paura:** Un allargamento degli occhi e un innalzamento delle sopracciglia che si verificano con una lenta apertura e ampliamento della bocca. Le palpebre superiori saranno tirate su.

5. **Sorpresa:** Simile alla paura, una bocca aperta con un allargamento degli occhi (anche le pupille si dilatano) e sopracciglia sollevate.

6. **Disgusto:** Rughe del naso e un labbro superiore rialzato, con le labbra che si staccano.

7. **Disprezzo:** La testa va leggermente indietro e un lato delle labbra è sollevato.

Questi sono solo alcuni rapidi esempi di quello che è un argomento molto ricco. Qualsiasi libro del Dr. Paul Ekman è buono per la ricerca su questo, così come una breve ricerca su Google. Un certo numero di siti mostrano esempi di espressioni facciali per aiutarvi a familiarizzare con le diverse espressioni al fine di applicarle per il vostro uso, e ci sono anche diversi video corsi su questo per imparare meglio

A parte le microespressioni, diverse espressioni del linguaggio del corpo possono essere utili da imparare quando si determina se qualcuno può mandarti messaggi contrastanti, sia consciamente che inconsciamente.

Analizziamo alcuni spunti non verbali che si vedono quotidianamente e parliamo dei loro significati più comuni. Imparare questi indizi può aiutarvi a determinare meglio se le parole che qualcuno vi sta dicendo corrispondono a ciò che il suo linguaggio del corpo vi sta dicendo. Ricorda, gli indizi non verbali non sono al cento per cento infallibili per leggere le intenzioni, ma possono essere molto, molto utili per te. Alcuni sono stati menzionati prima, ma abbiamo raccolto una lista per metterli insieme ad altri indizi che potresti anche cercare. Assicurati di cercare il maggior numero di questi indizi nei prossimi giorni per vedere quanto sono comuni. Sono uno strumento eccellente per evitare di diventare una vittima della psicologia nera.

Segnali non verbali associati al modo di sedersi

Segnali non verbali:	Spesso indicano:
Qualcuno seduto con le gambe incrociate con il piede che calcia leggermente su e giù	Questo l'abbiamo fatto tutti. Tipicamente indica noia e un po' di impazienza (anche se quest'ultima non è garantita, dato che molti di noi lo fanno senza pensare). Generalmente non è qualcosa di cui preoccuparsi, a meno che qualcuno non dichiari di avere un grande interesse per quello che stai dicendo in quel momento

Seduti con le gambe divaricate comodamente	Generalmente è qualcosa che vedrete fare agli uomini la maggior parte delle volte. Questo è indicativo del fatto che la persona è rilassata e a suo agio con la vostra presenza
Le caviglie sono bloccate insieme mentre si sta seduti	Questa tipicamente indica uno stato di apprensione o nervosismo. Se combinato con alcune delle altre espressioni di preoccupazione qui, potrebbe significare che hanno qualche brutta notizia per te o sono preoccupati per la tua reazione a qualcosa

Segnali non verbali associati alle braccia

Segnali non verbali:	Spesso indicano:
Braccia incrociate sul petto	A meno che non faccia freddo, questa è tipicamente una postura difensiva. Non la vedrai così spesso con le figure di autorità che tendono a mostrare le braccia comodamente ai loro fianchi, o forse con una mano in una tasca per indicare la facilità

Immobilità completa delle braccia in una conversazione	Questo è uno di quelli da tenere d'occhio, poiché l'immobilità delle braccia può indicare un mascheramento intenzionale del linguaggio del corpo o una certa tensione, come minimo. Procedere con cautela
La presa del braccio	Stringere le braccia è un gesto di auto-conforto con connotazioni tipicamente negative. Lo vedrai spesso quando la gente aspetta in un ufficio governativo per rinnovare una patente e l'attesa è lunga, sugli aerei da quelli che hanno paura di volare, o abbastanza comunemente, negli uffici dei medici
Le braccia e le mani sono tenute basse davanti a sé, con le mani giunte	Questa è una posizione di difesa e può indicare che il soggetto si sente vulnerabile o comunque insicuro della sua posizione nella conversazione. Tieni presente che anche gli operatori di psicologia oscura sono consapevoli di questo e possono adottare questa posizione per apparire più vulnerabili. Si vede questa posa adottata spesso quando le persone chiedono aiuto

Segnali non verbali associate ai movimenti delle mani e delle dita

Segnali non verbali:	Spesso indicano:
Le mani appoggiate alle guance	Questo può indicare che qualcuno sta pensando o forse valutando la situazione
Toccare il naso o grattarsi il naso	Questo può indicare incredulità o, in alcuni casi, può indicare che la persona ti sta ingannando. Osserva come si fa. Di solito, un vero graffio sarà rapido ed efficiente. Se succede spesso e non è la stagione fredda, allora questo può essere un indizio non verbale da osservare
Qualcuno si sta strofinando un occhio mentre si parla	Questo è un altro indicatore che qualcuno potrebbe non credere a quello che stai dicendo. Prendi in considerazione il tempo e, se lo sfregamento dell'occhio può sembrare un po' strano, allora è necessario notarlo
Qualcuno si avvicina con le mani giunte dietro la schiena	Questo può indicare frustrazione, irritazione e rabbia in molti casi. A volte è adottato come una postura di dominazione sul posto di lavoro, così come un modo di mostrare aggressività

Someone has their head resting in one hand and their eyes looking down	This one typically just indicates that the subject is bored
Qualcuno è seduto con le mani giunte dietro la testa e con le gambe incrociate	Fiducia in sé stessi, superiorità
Qualcuno sta intrecciando le dita mentre ti parla	Questo è tipicamente un gesto di autorità in cui la persona con cui stai parlando sente di essere la presenza dominante
Qualcuno presenta i palmi aperti quando ti vede	Questo è un gesto destinato a mostrare sincerità e ad ispirare apertura in una conversazione. È anche un modo di comunicare simbolicamente "Non ho armi nelle mie mani, puoi fidarti di me"

Qualcuno si pizzica il ponte del naso, chiudendo momentaneamente gli occhi	Questo generalmente indica che qualcuno sta rispondendo negativamente all'argomento in questione
Qualcuno tamburella le dita sul tavolo o picchietta	Questo è qualcosa che abbiamo visto tutti e semplicemente indicativo di impazienza
Qualcuno gioca con i propri capelli	Se questo comportamento non è in un'atmosfera favorevole al flirt, allora può indicare che la persona si sente insicura
Qualcuno si muove eccessivamente	Se qualcuno con cui stai parlando sta giocando con la matita, battendo i piedi, o giocando sulla sedia, in pratica qualsiasi movimento eccessivo come se fosse distratto, è un indicatore comune di impazienza
Qualcuno si accarezza il mento	Questo è comunemente associato a un gesto di valutazione e indica che qualcuno sta arrivando a una decisione

Segnali non verbali associati alla testa

Segnali non verbali:	Spesso indicano:
Qualcuno inclina rapidamente la testa leggermente durante una conversazione	Questo è un indicatore che ciò che hai appena detto o qualcosa che hanno notato nell'ambiente ha improvvisamente attirato la loro attenzione. È sempre una buona cosa da notare quando si conduce una conversazione o si accertano le motivazioni
Abbassamento della testa durante la conversazione	Ci sono alcuni significati che dipendono da alcuni fattori. Per esempio, un rapido abbassamento della testa è un mini cenno, indicativo di un accordo o di un finto accordo. Se il contatto visivo viene mantenuto, può essere un segno di flirt o un'indicazione di sfiducia, a seconda del contesto. Se si abbassa la testa in modo che il mento copra il collo, allora è un gesto di difesa. Può anche indicare frustrazione o esaurimento, anche se, in questi casi, è spesso seguito da un sospiro

La testa è perfettamente immobile mentre si parla	Questo può indicare che la persona è seria o sente che sta parlando da una posizione dominante/autoritaria. Può anche essere indicativo di rabbia o potenziale violenza

Vari segnali non verbali

Segnali non verbali:	Spesso indicano:
Invadere lo spazio personale	In genere, una distanza di un piede è riservata alla famiglia e agli amici, quindi, se qualcuno che conosci appena lo fa, dovresti stare in guardia. Quattro piedi è la tipica distanza di comfort per lo spazio personale nella maggior parte dei paesi
Rispecchiamento del linguaggio del corpo	Fai attenzione. La persona potrebbe farlo inconsciamente, poiché il linguaggio del corpo specchiato tende a mettere il destinatario a proprio agio; tuttavia, questo può anche essere un tentativo cosciente di metterti nello stesso stato. Diffidare di questo

Barriere di oggetti	Questo viene fatto più spesso inconsciamente e rappresenta l'atto di mettere una barriera tra loro e te stesso. Questo è tipicamente un mezzo per evitare di mostrare le tue insicurezze a qualcuno. La prossima volta che sei in un bar o in un luogo pubblico simile, guardati intorno e vedrai le persone che lo fanno, di solito con i loro bicchieri stretti in entrambe le mani davanti a loro

Ora che abbiamo esaminato molti indizi non verbali, vale la pena notare che ci sono alcuni indizi che non si possono vedere a causa delle differenze culturali. Per esempio, la vicinanza è considerata aggressiva in Giappone. Anche il contatto visivo costante mette le persone molto a disagio, mentre nelle culture spagnola e araba, NON mantenere molto contatto visivo è considerato molto irrispettoso. Per la maggior parte degli indizi non verbali qui, comunque, non dovresti avere problemi, assicurati solo di fare una piccola ricerca se ti piace viaggiare in modo da non interpretare male un indizio se hai intenzione di andare da qualche parte esotica.

Ora che ti abbiamo dato un campione più ampio delle informazioni di cui hai bisogno, vorrai metterle in pratica. Ne troverai un certo numero facilmente sul posto di lavoro e nei luoghi sociali che frequenti. Utilizza queste informazioni per armarti meglio per affrontare la psicologia nera. Conoscerli non ti garantisce che sarai immune dalla manipolazione, sicuramente no, ma non conoscerli ti garantirà sicuramente di non notarli quando dovresti stare in guardia. Armati come meglio puoi con queste informazioni, è roba buona!

Capitolo 7: Come coniugare il linguaggio del corpo e il controllo della mente

Come le persone usano il linguaggio del corpo per comunicare e manipolare?

Proprio come le tecniche verbali nella persuasione, il linguaggio del corpo e la comunicazione non verbale possono essere usati per manipolare altre persone. Facciamo molti segni con le nostre mani o gesti con il nostro viso o corpo, mandiamo un messaggio e trasmettiamo una certa caratteristica o tratto. Per esempio, quando qualcuno appare timido, può essere percepito come debole o con poca fiducia in sé stesso, nascondendo il viso o piegando la schiena e le spalle in avanti. Quando una persona manipolata esercita una posa dominante o si sporge in avanti con la testa alta, può far sentire qualcuno intimidito e desideroso di conformarsi alle sue richieste e senza fare domande. Gesti e movimenti audaci e in avanti che invadono gli spazi personali colpiscono molte persone.

Storia del linguaggio del corpo

Più di 5 milioni di anni fa, circa 100.000 scimpanzé vivevano nell'Africa equatoriale. Le foreste dell'Africa stavano cominciando a diminuire. Il clima era caldo e secco. Questi abitanti cominciavano ad avere difficoltà a trovare cibo, e gli alberi erano diventati inadeguati per loro. Hanno dovuto imparare ad adattarsi per poter sopravvivere.

Prove di scimmie che camminano sono state viste circa 4,4 milioni di anni fa. Avendo imparato a camminare, queste australopitecine potevano coprire un'area più grande e trovare una grande varietà di cibo. Questa capacità diede loro un vantaggio evolutivo, ma man mano che si espandevano, la vita diventava più complicata.

Hanno iniziato ad imparare a lavorare in gruppo per far fronte ai cambiamenti del loro ambiente. Hanno dovuto imparare a interagire con gli altri, sapere chi è un alleato e chi un nemico. Dovevano decidere chi doveva stare nel loro gruppo e chi doveva essere escluso.

Era mentalmente impegnativo per loro. Quelli che avevano un cervello più piccolo non sopravvivevano. Durante questo periodo, apparve l'Homo habilis. Avevano cervelli più grandi. Ma avere cervelli più grandi significava che avevano bisogno di più energia.

Diversificarono le loro scelte alimentari e impararono anche a usare strumenti di pietra. Circa 2,5 milioni di anni fa, il loro corpo aveva ancora la pelliccia. Parte della loro socializzazione era controllare la pelliccia degli altri. C'erano circa 50 membri in ogni gruppo.

Questo continuò fino a circa 1,7 milioni di anni fa. La dimensione del loro cervello aumentò fino a circa 800cc.

L'aumento delle dimensioni del loro cervello causò anche un aumento della loro temperatura corporea. Alla fine, persero i capelli e la pelliccia. Hanno sviluppato le ghiandole sudoripare per adattarsi. In assenza di pelo, la loro pelle si scurì a causa dei raggi UV. Questo inaugurò l'emergere dell'Homo Ergaster.

Questo periodo vide l'inizio di un cambiamento sociale verso legami maschili e femminili. Vivevano ancora in gruppi di 50, e tutta la comunicazione all'interno del gruppo era attraverso l'uso del linguaggio del corpo.

L'Homo erectus emerse circa 1 milione di anni fa. Cominciarono a diffondersi fuori dall'Africa. Circa 500.000 anni fa, iniziò la seconda migrazione dell'Homo Heidelbergensis verso l'Europa. Questo portò alla comparsa dei Neanderthal circa 400.000 anni fa. È interessante notare che i Neanderthal avevano un cervello più grande degli umani moderni. Erano più muscolosi e sembravano superiori a tutti gli altri "umani".

Circa 200.000 anni fa emersero i nostri antenati, gli Homo sapiens. Erano anatomicamente moderni e avevano un cervello di circa 1350cc. L'Homo sapiens si è evoluto nell'uomo moderno circa 50.000 anni fa. Questo è un momento enorme nella storia perché è il punto di svolta principale con la nascita del linguaggio.

Hanno affrontato problemi critici durante il processo di sviluppo di un linguaggio a causa dell'affidabilità. I primati usavano ancora i suoni per comunicare. I problemi sorgevano perché era difficile determinare se potevano fidarsi di un segnale o meno.

C'era sempre la possibilità che i primati falsificassero il segnale per avvantaggiarsi. Questi primati non aderivano al concetto di moralità. Questo ha portato all'uso di segnali emotivamente espressivi - questi sono difficili da falsificare.

Per poter comunicare senza i pericoli dell'inganno, gli esseri umani hanno dovuto creare una società intorno alla regolamentazione morale. Il linguaggio e i rituali dovevano co-evolvere simultaneamente. Per sapere se qualcuno era onesto o no, la società doveva fare riferimento al credo di quella persona e all'adesione a un particolare rituale - è così che è nata la religione.

A questo punto, gli esseri umani hanno iniziato ad usare il linguaggio del corpo insieme ai segnali verbali per comunicare tra loro. Per autoregolarsi e prevenire l'inganno, hanno sviluppato la religione e i rituali. Gli umani che credevano nella religione erano considerati più affidabili.

In questo modo si formavano i gruppi. I gruppi dovevano imparare a competere l'uno contro l'altro per avere accesso a più risorse, ottenere potere, riprodursi ed eventualmente espandersi. Questo fu anche il periodo in cui nacquero diverse superstizioni. Le persone che credevano nelle stesse superstizioni sono considerate parte dello stesso gruppo o sistema di credenze.

Il linguaggio ha permesso agli umani di aumentare i loro gruppi da 50 a 150. Hanno imparato a condurre il grooming sociale verbalmente. Questo ha anche inaugurato il grooming vocale, che nei tempi moderni è chiamato gossip.

Circa 50.000 anni fa, un piccolo gruppo di umani lasciò l'Africa e viaggiò attraverso l'Asia e l'Europa. Si diffusero rapidamente che circa 14.500 anni fa, tutti gli altri generi Homo si estinsero, tranne il più superiore Homo Sapiens.

Il potere del linguaggio del corpo

Il linguaggio del corpo è un aspetto significativo delle comunicazioni e delle relazioni moderne. Dalle nostre espressioni facciali ai movimenti del nostro corpo, le cose che non vengono dette possono comunque trasmettere molte informazioni. Gli esperti dicono che il linguaggio del corpo può costituire dal 60% al 65% di tutta la comunicazione. Imparare e capire il linguaggio del corpo è essenziale, ma è necessario considerare anche altri indizi come il contesto e le circostanze. Nella maggior parte dei casi, si dovrebbe provare a guardare i segnali nel loro insieme piuttosto che concentrarsi su una singola azione.

Capire come funziona il linguaggio del corpo implica imparare a interpretare diversi segnali coerenti per sostenere o indicare una conclusione specifica. Il linguaggio del corpo è un concetto così potente. Abbiamo imparato che il linguaggio del corpo è più di semplici brevi descrizioni. Comprende dove il corpo è con gli altri corpi (questo è noto come "spazio personale"). Il linguaggio del corpo è composto da diversi movimenti del corpo, come i movimenti degli occhi e le espressioni facciali.

Inoltre, il linguaggio del corpo copre anche tutto ciò che comunichiamo usando il nostro corpo oltre alle parole dette, quindi comprende la respirazione, la pressione sanguigna, il polso, l'arrossire, la traspirazione, ecc.

Quindi, il linguaggio del corpo può essere definito come la trasmissione e l'interpretazione inconscia e cosciente dei nostri sentimenti, dei nostri stati d'animo e degli atteggiamenti attraverso:

- Postura, movimento, posizione, stato fisico e relazione con altri corpi o oggetti.
- Espressioni facciali e anche il più preciso movimento degli occhi.

Capitolo 8: Tecniche avanzate di manipolazione mentale

Ora è il momento di parlare di alcune tecniche di controllo mentale. Queste tecniche sono abbastanza facili, e funzionano principalmente premendo alcuni pulsanti emotivi della persona. Il risultato finale è che usando queste tecniche, la gente comincerà ad obbedire ai tuoi comandi. Ora, quando parliamo di controllo mentale da questo punto di vista, non intendiamo che le persone faranno qualsiasi cosa gli chiederete di fare. Si tratta piuttosto di influenzare le azioni di qualcuno.

Gaslighting

La prima tecnica di cui parleremo è il gaslighting, ed è una delle tecniche più usate in assoluto. È un termine che tutti abbiamo sentito in un momento o nell'altro. Ma si può definire, o si può indicare cosa sia realmente? Come in ogni altra materia, la conoscenza è potere anche nella psicologia nera, e così, se conoscete il gaslighting, non solo potete proteggervi da esso ma anche usarlo a vostro vantaggio per farti obbedire. Si tratta, infatti, di una tecnica molto nascosta, e quindi non è facile individuarla subito. Il gaslighting è una tecnica così efficace che viene utilizzata anche negli interrogatori. L'obiettivo principale di questa tecnica è quello di utilizzare le informazioni in modo tale che la persona non sia più in grado di fidarsi del proprio istinto o giudizio, e sia totalmente confusa. Diventa ansiosa e inizia a fare affidamento su di te per tutto. Questo è il momento in cui prenderanno tutti i tuoi suggerimenti e faranno qualsiasi cosa vuoi che facciano.

L'equilibrio mentale di una persona è preso di mira in un modo molto specifico nel gaslighting. Inoltre, tutto avviene in un processo sistematico. Anche l'autostima e la fiducia in sé stessi della persona vengono colpite. Se la persona era indipendente prima, ora non sarà più in grado di fare le cose da sola e dipenderà da te per prendere decisioni. In breve, si ottiene il pieno controllo sulla persona.

Uno dei vantaggi di usare il gaslighting per far fare alla gente quello che vuoi è che la gente non riconosce che li stai manipolando. Se usato efficacemente, è possibile innescare la risposta allo stress in quella persona, il che significa che dopo un certo periodo di tempo, la persona si arrenderà completamente a te.

Quindi, se una persona sta cercando di comunicare da molto tempo e tu la stai respingendo, allora arriverà il momento in cui diventerà frustrata. E se continui a fare questo più e più volte, è nella tendenza del corpo umano di innescare il sistema di sopravvivenza del corpo. Quando ciò accade, una persona non è più in grado di dare un senso alle cose come prima, e la sua mente è offuscata da tutto. Così, l'impotenza inizia a instaurarsi come una risposta automatica e adattativa. Pensare troppo in quel momento diventa difficile per la persona, e così sceglie la zona di comfort su tutto il resto. Non cercano più di lottare per qualcosa e scelgono felicemente ciò che gli viene dato. Così, cose come ricompensa e punizione, illusioni e bugie, e tattiche di paura sono usate astutamente per far sì che gli altri obbediscano ai comandi. Se si sta cercando di mantenere la propria superiorità, allora questa tecnica sarà utile.

Ma, se dobbiamo pensare al contrario, e supponiamo che tu sia oggetto di gaslighting da parte di qualcun altro, allora ecco alcuni consigli che dovresti tenere a mente:

- **Non importa come, devi cercare di uscire dalla bolla in cui ti trovi.** So che questo è più facile a dirsi che a farsi, ma non importa quanto sia difficile, non rinunciare. Dovresti anche cercare di capire perché qualcuno sta utilizzando il gaslighting in primo luogo. È legato al lavoro, o ha qualcosa a che fare con la tua vita amorosa?

- **Ricorda a te stesso che se qualcuno sta utilizzando il gaslighting, di solito non si tratta di te.** Si tratta del manipolatore e del suo bisogno di avere potere su di te. Quella persona è imperfetta e si sente insicura nella posizione in cui si trova attualmente, e quindi sta cercando di intimidirti attraverso il gaslighting. È infatti quasi impossibile per te capire le motivazioni o il carattere del gaslighter, e così, devi anche fare in modo che tu capisca che non puoi fare nulla per la sua condizione.

- **Devi prendere le distanze dalla persona che ti sta facendo il gaslighting.** Non essere così accomodante e disponibile come eri prima. Ricorda a te stesso che è la tua autostima ad essere compromessa.

- **Un altro consiglio che posso darti è quello di non cercare di confrontarti con la persona che ti sta facendo il gaslighting.** Di solito non prendono i confronti in modo sano, e sarai tu ad essere ferito dal processo. I gaslighters tendono a mettersi sulla difensiva e cercheranno ogni mezzo necessario per indebolirti durante il confronto.

Paura dell'alienazione

Il prossimo metodo di controllo mentale di cui parleremo è la paura dell'alienazione. In questa tecnica, il manipolatore deve fare amicizia con qualcuno all'inizio. Dopo di che, deve continuare a sviluppare questo legame fino ad un punto, dopo il quale la persona sente che questa relazione è la più preziosa che ha. In parole più semplici, la vittima non potrà più vivere senza il manipolatore perché pensa di non avere nessun altro al mondo che possa offrirle un tale legame. Sentono che il legame che hanno con il manipolatore è la cosa più inestimabile della loro vita e quindi non possono permettersi di perderlo.

Ma una volta stabilita questa dipendenza, il manipolatore può esercitare il pieno controllo sulla vittima perché teme l'alienazione. Anche se la vittima non se ne rende conto, il manipolatore può ricordarle che nel mondo esterno nessun altro può fornirle un legame così significativo. Non importa se al momento non sembrano essere convinti, perché più tardi si renderanno conto di quanto sia solitario il mondo esterno. La paura dell'alienazione comincerà a farsi sentire, ed è allora che la persona obbedirà ai comandi del manipolatore

Ripetizione

La ripetizione è uno strumento molto potente e ha effetti immensi sulla persuasione. Uno dei più grandi strumenti nelle tecniche di persuasione è la ripetizione, ed è efficace non solo nella forma verbale ma anche in quella scritta. Una strategia di ripetizione che è stata pianificata ed eseguita perfettamente aiuterà sicuramente a presentare il tuo messaggio in un modo molto migliore ed efficace. Ci sono stati diversi studi psicologici sull'uso della ripetizione come strategia persuasiva. Questi studi hanno dimostrato come ripetere qualcosa può cambiare il modo in cui una persona percepisce un certo argomento. Lascia anche un'influenza positiva per quanto riguarda l'accordo con il messaggio.

La ripetizione frequente può anche far credere agli altri in cose che non sono nemmeno vere. Questo è principalmente perché la gente non può distinguere tra la verità e la familiarità. Se vogliamo mettere questo in parole più semplici, direi che il cervello umano ama accettare i fatti che vengono proposti. Non ama fare il lavoro di gambe, e in questo modo, si può chiamare il cervello pigro. È a causa di questa abitudine che c'è una tendenza nel cervello umano a scegliere una via che comporta la minor quantità di resistenza. Questo tratto è molto radicato in tutti noi nel corso dell'evoluzione. Quando il cervello è esposto a informazioni che ha incontrato in passato, allora gli sembrano familiari, e diventa anche più facile elaborare quelle informazioni. Così, quando la mente si trova faccia a faccia con un fatto ripetitivo, quel fatto le piace di più, e così, un bias lavora qui per far sentire alla persona che solo perché l'informazione è stata ripetuta, è vera.

Questo succede anche nelle relazioni. Si pensi a come inizia a piacerti di più una persona quando inizi a vederla più spesso. Succede perché il tuo cervello sta diventando familiare con quella faccia e quindi ti spinge ad apprezzare quella persona. Non sto dicendo che è così che le persone si innamorano, ma naturalmente, per quanto riguarda la formazione di un legame nei primi giorni, è così che funziona. Questo è anche il modo in cui accadono tutte queste cose - andare negli stessi caffè e ristoranti, frequentare gli stessi amici, andare a correre sullo stesso sentiero e ordinare lo stesso cibo.

C'è un'altra cosa da tenere a mente riguardo alla ripetizione. È una strategia molto efficace, specialmente quando il pubblico a cui stai parlando non è troppo concentrato su ciò che stai dicendo. Ma perché la ripetizione sia veramente efficace, bisogna evitare di esagerare. Molte persone pensano che più si ripete, più diventa efficace. Ma è proprio il contrario, perché dopo un certo punto di tempo, ripetere qualcosa ha l'effetto opposto sulla persona perché poi si irrita. Uno degli esempi più comuni in cui la ripetizione è attivamente usata come tattica per persuadere le persone è quando i politici usano la ripetizione nei loro discorsi per far credere alla gente qualsiasi cosa stiano dicendo.

Pensaci in questo modo: quando ascolti qualcosa per la prima volta, ci credi subito? No, vero? Può essere a causa di diverse ragioni. Potresti non essere in grado di vedere che valore ha in quel momento, o potrebbe semplicemente non risuonare con te. Inoltre, quando si hanno già troppe cose sul piatto, qualcosa di nuovo non farebbe che peggiorare le cose. Così, la risposta più comune che le persone hanno quando si chiede loro qualcosa di nuovo è che non hanno abbastanza tempo per farlo. In breve, la risposta sarà no. Quando c'è di mezzo la paura, sarebbe abbastanza difficile per te cambiare questa decisione. Ma quando l'argomento è già stato detto prima, non è più qualcosa di nuovo, e la persona si sente familiare con l'argomento. Allora, diventa più facile farglielo accettare.

L'adulazione

La prossima cosa che puoi usare per controllare la mente di qualcuno è l'adulazione o i complimenti. Ci sono molti benefici associati all'uso dell'adulazione in una conversazione e tutte queste cose puntano ad un risultato: prendere il sopravvento e far sì che qualcuno obbedisca ai vostri comandi. Se vuoi spostare l'attenzione della conversazione su qualcosa di specifico che hai in mente, è stato dimostrato che l'adulazione è la via d'uscita. Pensa a qualsiasi cosa su cui vuoi fare un complimento alla persona. Può essere il loro vestito, i loro capelli, il modo in cui parlano, o qualsiasi cosa. Nel momento in cui si fa un complimento, tutta l'attenzione sarà attirata su quello e si avrà l'occasione perfetta per cambiare la narrazione in qualcosa che si vuole conferire.

Un altro modo in cui l'adulazione può rivelarsi di grande aiuto è quando si cerca di chiedere attenzione a se stessi. Puoi semplicemente andare a dire alla persona che la capisci e che ascoltare gli altri è un'abilità che ti è cara. L'adulazione ti aiuterà anche a rafforzare il legame che hai con l'altra persona. Diciamo che sei in un ambiente sociale e vuoi che l'altra persona pensi che entrambi fate una buona coppia perché vi adulate a vicenda. Questo dovrebbe far sì che l'altra persona ti guardi con molta attenzione.

Capitolo 9: Persuasione

Due delle componenti più potenti che compongono il mondo della psicologia nera sono la persuasione e la manipolazione. Non siamo estranei a nessuna delle due, e le abbiamo usate entrambe per ottenere qualche beneficio o ne siamo stati vittime. In entrambi i casi, non si può negare che queste due componenti continuano ad esistere.

Lascia che ti ponga una domanda veloce, e voglio che ti prenda un minuto per pensare alla tua risposta. Pensi che la persuasione sia solo un altro nome per la manipolazione o viceversa?

La maggior parte delle persone finirebbe per pensare che queste due cose sono la stessa cosa, due parole con un unico significato. Certo, entrambe significano persuadere qualcuno a compiere qualche azione, ma è proprio qui che esiste una linea di demarcazione tra le due. Contrariamente alla credenza popolare, questi elementi sono poli separati e non devono essere confusi come la stessa cosa.

Questo, quindi, si immerge in questi due concetti critici e ti porta attraverso tutto ciò che devi sapere sulla manipolazione, la persuasione, e stabilire una chiara comprensione della differenza tra i due. Ci occuperemo anche di alcuni scenari ed esempi di vita reale, solo per chiarire ulteriormente la nostra comprensione e stabilire una buona base per noi stessi.

L'arte della persuasione

La persuasione è definita come un'azione per convincere qualcuno a fare, riconoscere o credere qualcosa. È uno degli aspetti più comuni della nostra vita quotidiana, e ogni singolo giorno, passiamo attraverso molte situazioni in cui stiamo cercando di persuadere qualcun altro a fare qualcosa o siamo persuasi a modificare le nostre scelte. Ogni giorno, sperimentiamo questo e ancora tendiamo a trascurare l'importanza e l'impatto della persuasione sulle nostre vite e su quelle degli altri membri della società.

La persuasione è senza dubbio una delle forze più potenti nella nostra vita. Ha il potere di influenzare chiunque, da un individuo alle masse di tutto il mondo, a fare o credere qualcosa. Non c'è bisogno di guardare attentamente per scoprire quante persone continuano ad usare la persuasione ogni giorno. Dai politici di spicco ad ogni tipo di business, tutti e quasi ogni entità si affidano all'uso dell'influenza per persuadere gli altri a compiere l'azione desiderata.

Prendi questo come esempio. L'azienda A vorrebbe entrare in un nuovo mercato con un prodotto che apparentemente aiuta a ridurre il peso. Certamente, c'è molta concorrenza all'interno del mercato, ed è per questo che questa azienda ha bisogno di persuadere i potenziali clienti che loro sono una scelta migliore. Come fa a farlo? Semplice! Usando personaggi pubblici influenti, appoggi di celebrità, o strategie di marketing intelligenti, sarà in grado di influenzare il nostro pensiero, e persuaderci efficacemente senza dire "per favore". Il risultato sarebbe profitti per loro, e qualche beneficio o valore anche per i clienti.

"Questo suona terribilmente come una manipolazione."

Con sorpresa di tutti, questa non è affatto una manipolazione. Vedi, ogni persona - che sia un professionista d'affari, un candidato presidenziale, un maggiore dell'esercito o anche un venditore d'auto - usa il potere della persuasione. Non puoi aspettarti di essere promosso ad un grado più alto nell'esercito se non riesci a persuadere qualcuno ad eseguire i tuoi ordini. Sembra sciocco, lo so, ma è vero.

Naturalmente, molti di noi credono di essere immuni per natura al fascino e al potere della persuasione. Credono di avere questa capacità naturale di vedere attraverso quegli squallidi discorsi di vendita e di arrivare ad una conclusione logica con il minimo sforzo. Se credi questo, o stai sottovalutando il potere della persuasione, o sei una delle rare persone sulla terra che può effettivamente farlo bene.

La persuasione non si limita a un discorso di vendita o a uno spot televisivo, o anche al tuo amico che cerca di convincerti a cambiare carriera. Ci sono molte aree della vita in cui la persuasione entra in gioco e riesce a influenzare le tue emozioni e i tuoi sentimenti, portandoti alla fine a scegliere o a cambiare una decisione che hai già preso. La persuasione può essere piuttosto intensa o completamente sottile, e in entrambi i casi, provoca una risposta da parte nostra. Se scegliamo di permettere a qualcuno di persuaderci o meno è una cosa diversa.

Considerando il fatto che la linea che separa la persuasione dalla manipolazione è abbastanza netta, almeno per la maggior parte di noi, siamo spesso accolti da pensieri negativi ogni volta che sentiamo parlare di persuasione. Quello che non riusciamo a capire è il fatto che la persuasione può essere usata soprattutto per risultati positivi.

Ci sono molti grandi esempi in cui i governi hanno cercato di persuadere le masse a riciclare di più, a smettere di fumare, o a smettere di guidare veloce, e tutti questi sono ottimi esempi di come funziona la persuasione. L'unico risultato di tutto ciò va a beneficio delle masse e anche del governo. Tali atti di persuasione sono fatti usando spot televisivi, raffigurando fatti e cifre, possibili risultati e benefici che le masse otterranno quando faranno questi passi. Quelli di maggior successo spesso coinvolgono l'uso di emozioni per rendere il messaggio un po' più personale e significativo per il pubblico.

Detto questo, esaminiamo alcuni degli aspetti tecnici coinvolti e scopriamo come la psicologia, lo studio del comportamento umano e della mente, definisce la persuasione.

Secondo il famoso professore Richard M. Perloff, la persuasione è un processo in cui un comunicatore fa del suo meglio per convincere le persone a cambiare, alterare o modificare i loro comportamenti e atteggiamenti riguardo a una questione specifica. Questo viene fatto trasmettendo un messaggio in un'atmosfera di libera scelta (Cherry, 2020).

Nella spiegazione di cui sopra, ci sono alcuni elementi chiave che dobbiamo identificare:

- Si tratta di tentativi deliberati di creare influenza.

- Le persone non sono in alcun modo costrette, il che significa che sono completamente libere di scegliere ciò che ritengono opportuno.

- Ci sono numerosi media attraverso i quali vengono trasmessi messaggi persuasivi (verbali, TV, posta elettronica, radio, social media e molti altri).

- La persuasione è completamente simbolica, il che significa che comporta l'uso di parole, suoni o immagini.

Ciò che è più sorprendente è il fatto che la persuasione, nel corso degli anni, si è trasformata. Se si dovesse andare indietro nella storia, la persuasione funzionava in un modo molto diverso. Per darvi un'idea migliore, esaminiamo brevemente come funziona la persuasione oggi. La persuasione è:

- **Più comune che mai**. Un americano medio è esposto a un numero significativo di pubblicità ogni giorno, e la maggior parte di esse tende a lasciare impressioni.

- **Un grande business**. Non si può negare che qualsiasi business per avere successo ha bisogno di sfruttare il potere della persuasione. Tuttavia, alcuni business esistono puramente per la persuasione, come le agenzie di marketing. Tutti questi sono esempi di come la persuasione continui a cambiare.

- **Più complessa**. Una volta, i clienti e i consumatori avevano scelte limitate, e non avevano modo di sapere cosa offrivano gli altri mercati a meno che non vi si recassero fisicamente. Oggi, grazie a internet, i clienti sono pienamente consapevoli della vasta gamma di scelte che hanno. Questo fa sì che marketer e persuasori affrontino più sfide che mai per trovare modi intuitivi per pubblicizzare i loro prodotti, idee o servizi.

- **Più sottile**. Invece di essere completamente vocali e chiari, i commercianti e le aziende usano un modo più sottile per persuadere i loro potenziali clienti e spingerli a sceglierli rispetto ai loro concorrenti. Lo fanno invogliando il cliente ad usare il loro prodotto per raggiungere uno specifico stile di vita.

- **In rapida evoluzione**. I giorni in cui il passaparola era l'unico modo per diffondere i messaggi sono finiti. Era lento e non era esattamente il modo più efficace. Oggi abbiamo internet, servizi di trasmissione e molto di più.

Nonostante i cambiamenti, la persuasione continua ad esistere, e continua ad evolversi per adattarsi meglio alle esigenze di oggi. Detto questo, è il momento di affrontare l'elefante nella stanza.

Come puoi persuadere qualcuno?

Questa è una domanda che molti si sono chiesti, ma solo pochi l'hanno capita e padroneggiata. Dopo aver conosciuto un po' di persuasione, diventa un po' più facile per molti essere in grado di persuadere gli altri.

La persuasione tende a funzionare se è in grado di relazionarsi con qualche desiderio. Se una persona sta cercando di comprare un'auto e tu provi a persuaderla ad usare i soldi per andare in vacanza, ci sono alte probabilità che questa persona rifiuti la tua idea. In quel momento, i bisogni di questa persona sono di trovare un buon modo per spostarsi dal punto A al punto B, e hanno chiaramente deciso di non usare il trasporto pubblico.

Se però tu modificassi il tuo approccio e proponessi l'acquisto di un veicolo specifico rispetto a quello che lui potrebbe essere interessato a comprare, potrebbe effettivamente funzionare. C'è un'evidente domanda o desiderio di questa persona di comprare un mezzo di trasporto. Un buon venditore vedrebbe questo come un'opportunità e cercherebbe di vendere l'auto migliore per il suo budget. Non c'è niente di sbagliato in questo, perché se il cliente venisse persuaso, comprerebbe un'auto e il venditore di auto guadagnerebbe un po' di profitto. Entrambi si allontanano felici e vittoriosi.

Affinché la persuasione funzioni, hai bisogno di una buona ragione. Senza di essa, non sarai mai in grado di persuadere qualcuno a fare qualcosa. Questo è esattamente il motivo per cui molte delle pubblicità che vediamo su YouTube o Facebook continuano ad attirare la nostra attenzione. Con una tecnologia e algoritmi più intelligenti, questi giganti della tecnologia sono in grado di imparare dalla nostra storia di navigazione e dal nostro comportamento e dedurre cosa vogliamo esattamente in un dato momento. Non sorprenderti se stavi parlando di adottare un animale domestico e la prossima cosa che vedi sul tuo feed dei social media è una foto che dice "Animali in vendita". Sia che tu l'abbia cercato o che abbiano usato il riconoscimento vocale per captare la domanda, queste organizzazioni spingono in avanti annunci pertinenti e cercano di convincerti a cliccare su questi.

Non tutti sono esperti di computer, ma questo non significa che non possiamo imparare a persuadere gli altri, giusto? Di seguito sono menzionati sei punti fondamentali che dovresti conoscere, imparare e adottare se vuoi essere in una posizione comoda per persuadere una parte con una buona ragione.

- **Sii sempre fiducioso**. *Potresti avere una delle più belle idee esistenti, forse abbastanza belle da renderti il prossimo miliardario, ma se non sei sicuro di te, non sarai in grado di catturare l'interesse di nessuno, figuriamoci di influenzarlo. La tua sicurezza riflette quanto credi in un'idea, e spesso dà agli altri una sensazione di rassicurazione che tu sappia di cosa stai parlando. Psicologicamente parlando, una ricerca dell'Università di Leicester ha rivelato che l'unica differenza significativa tra qualcuno che sta persuadendo e qualcuno che viene persuaso è la fiducia (DeMers, 2016).*

- **Usare la logica**. *È facile capire perché la logica si fa strada in questa lista. La logica è usata per convincere anche le persone, i clienti e i capi più duri, a patto che il ragionamento sia effettivamente logico. Se non sei troppo sicuro, poniti una serie di domande e prova a rispondere da solo. Se riuscite a trovare confusione o vi trovate incapaci di rispondere a una domanda, probabilmente è perché il vostro ragionamento manca di logica. L'unica altra alternativa per influenzare qualcuno e persuaderlo è la forza, e sappiamo tutti che non funziona mai.*

- **Fallo sembrare importante**. *Questo è abbastanza autoesplicativo. Se un venditore sta cercando di vendervi qualcosa ma non è in grado di sottolineare l'importanza dell'oggetto, non lo comprerete mai. Allo stesso modo, se stai cercando di convincere qualcuno,* devi sapere come far sembrare la tua idea o servizio importante per l'altra parte.

- **Le tue parole sono importanti**. *Ogni volta che cerchi di persuadere qualcuno, sii molto attento alle parole che usi. Con questo, non voglio dire che dovresti concentrarti solo sull'evitare il linguaggio scurrile, ma usare parole migliori. Invece di usare la parola "buono", prova a usare "redditizio". Usa "ragionevole" invece di "bene", e sicuramente attirerai più attenzione su di te.*

- **Dove possibile, usa l'adulazione**. *Ok, questo può sembrare un po' strano, ma il fatto è che funziona. Tuttavia, usare l'adulazione richiede che tu sia abile. Se sei troppo schietto, gli altri se ne accorgeranno rapidamente e rifiuteranno le tue proposte e idee. Concentrati sull'uso di un approccio più sottile e docile all'argomento.*

- **Pazienza e persistenza**. *L'una non può esistere senza l'altra, e senza queste non potrai mai persuadere gli altri. Ci vuole tempo, e il tempo richiede che tu sia paziente e persistente. Se provi una volta e non vedi la risposta che speravi, non rinunciare. Attendi un po' e lascia che l'altra parte si impregni delle informazioni. Potresti avergli dato qualcosa su cui riflettere. Potrebbero tornare qualche giorno più tardi dopo aver fatto qualche ricerca sulle tue idee, e poi chiederti di spiegarglielo ancora una volta.*

La domanda ovvia a questo punto sarebbe perché vi sto insegnando a persuadere gli altri. Ci sono parecchie cose nella vita che dovete prima imparare da soli. È solo dopo aver acquisito questa esposizione che imparerai ad identificare se gli altri stanno cercando di persuaderti a fare qualcosa che non sei disposto a fare. Potrebbe essere il tuo capo che ti dice di presentarti in servizio nel fine settimana, o il tuo partner commerciale che ti dice di evitare di firmare un nuovo accordo. In qualsiasi situazione, il potere della persuasione può alterare notevolmente i risultati. Se usi bene le tue conoscenze e fornisci un buon ragionamento supportato da solide argomentazioni logiche, non c'è modo che tu finisca per perdere.

Quanto sopra funziona per chiunque, da qualsiasi percorso di vita. Che tu gestisca un'azienda o sia un impiegato, un amico o anche un genitore, la persuasione può portare a termine il lavoro. Tuttavia, prima ho parlato di una linea sottile che la maggior parte di noi non conosce. Questo è il motivo per cui spesso confondiamo la persuasione con la manipolazione.

Capitolo 10: Come mettere tutto assieme?

Ti insegnerò come lavorare con la psicologia nera e applicarla nella vita reale. Spiegherò come funziona il cervello e cosa spinge gli esseri umani a comportarsi come fanno. Ti guiderò attraverso il processo di pensare come uno psicologo criminale, o meglio ancora, un criminale se hai questi pensieri prima. Sono i seguenti:

Applicare la psicologia nera sul posto di lavoro

Per applicare la psicologia nera sul posto di lavoro dobbiamo conoscere il cervello umano e usarlo a nostro vantaggio. Tutti abbiamo un cervello e può essere la vostra più grande risorsa o il nemico più orribile. Ecco perché è necessario capire come pensiamo e cosa ci fa sentire nel modo in cui lo facciamo. Per esempio, se lavori per un'azienda, non puoi cambiare il cervello che produce pensieri negativi perché dipendi da quei dipendenti per produrre i prodotti e i servizi che mantengono la tua azienda al massimo. Quello che puoi fare è capire la psicologia dietro quei pensieri negativi e usarla a tuo vantaggio. Se i tuoi dipendenti o colleghi hanno un problema psicologico che li induce a pensare negativamente, perché dovrebbe essere una sorpresa che le cose negative cominciano ad accadere sul lavoro?

Per esempio, un dipendente potrebbe preoccuparsi delle bollette in scadenza fra tre settimane e temere ogni giorno di non farcela perché non ha abbastanza soldi in arrivo per pagare le bollette. Cosa si può fare quando questo accade? Hai due opzioni: aiutarli a risolvere i loro problemi o licenziarli. Naturalmente, se non vuoi perdere un dipendente che è produttivo e redditizio, allora cercherai di aiutarlo a risolvere i suoi problemi.

Sono sicuro che non c'è bisogno di spiegare perché la seconda opzione è migliore: si risparmia denaro e si mantiene un buon dipendente. Questo è il modo fondamentale in cui possiamo usare la psicologia oscura a nostro vantaggio sul posto di lavoro. Se i miei dipendenti o colleghi stanno pensando negativamente al loro lavoro, allora mi avvicinerò a loro e mi offrirò di aiutarli a risolvere i loro problemi. Potrebbero aver bisogno di consulenza, avere problemi di fondo da un evento traumatico nella loro vita, o potrebbero fare uso di droghe o alcol che li porta ad avere sbalzi d'umore che influenzano il loro lavoro. Il mio punto è che ci sono molti modi per causare pensieri negativi nelle persone, ma ciò che conta di più è come usate questi pensieri e come sostenete i vostri colleghi quando si sentono giù.

Applicare la psicologia nera negli appuntamenti

Gli appuntamenti sono un modo per le persone di unirsi e godersi la reciproca compagnia. È la tua occasione per incontrare persone nuove e interessanti, espandere la tua cerchia sociale e imparare qualcosa sulla persona che stai frequentando. Tutti facciamo degli errori quando si tratta di psicologia umana, ma dovresti essere in grado di imparare da essi. La maggior parte di noi è stata in relazioni in cui non abbiamo ascoltato o semplicemente non ci siamo preoccupati dei sentimenti dell'altra persona.

Se vuoi applicare la psicologia nera agli appuntamenti, devi essere disposto a imparare dai tuoi errori e diventare una persona migliore per la prossima volta. Un modo per migliorare la nostra vita sentimentale è ascoltare invece di parlare tutto il tempo. È importante cercare di capire cosa l'altra persona vuole da te in una relazione in modo da poter comunicare con lei. È qui che entra in gioco il tuo lato oscuro. Devi sapere che quando non stai comunicando, probabilmente ti sentirai giù per la relazione o addirittura penserai negativamente a te stesso. Se sei in grado di capire cosa sta pensando il tuo partner, allora questo diventa molto più facile.

Quando si tratta di applicare la psicologia nera, dobbiamo imparare come il nostro cervello reagisce quando sentiamo qualcosa di negativo dentro di noi come la rabbia o la paura, per esempio; perché una volta che conosciamo la reazione del nostro cervello, saremo meglio preparati per questi sentimenti rispetto a qualcuno che non ha mai sentito parlare di psicologia nera prima. Conoscere questi sentimenti aiuterà te e il tuo partner significativo a far fronte a questi sentimenti in futuro. Se il tuo partner sessuale non ti risponde come vorresti, allora potrebbe significare che ha un problema che sta influenzando la sua psicologia. Se questo è il caso, allora dobbiamo avere una conversazione rispettosa perché potrebbe esserci qualcosa che non va e dobbiamo scoprire cos'è in modo da poter risolvere il problema insieme. Parlare con rispetto aumenterà la tua autostima e mostrerà al tuo partner che lo ami abbastanza da mettere i suoi bisogni prima dei tuoi.

Applicare la psicologia nera nello sport

Nello sport, il cervello ha molto controllo sulle nostre prestazioni, soprattutto quando si tratta di lottare e flirtare, perché queste due situazioni si basano su un sacco di fiducia. Se il tuo partner si fida di te ed entrambi sapete come comportarvi in certe situazioni, allora potete avere molto successo l'uno con l'altro. In questo scenario, la persona psicologicamente vulnerabile è l'individuo che non ha idea di cosa fare perché ha paura di rendersi ridicolo. Non sanno come flirtare o giocare bene le loro carte e così rimangono in silenzio fino a quando non possono riguadagnare la fiducia.

Se vuoi applicare la psicologia nera nello sport, allora devi essere disposto a imparare dai tuoi errori. Lo stesso vale per qualsiasi evento sportivo. Anche se si tratta di una piccola cosa come non correre verso la porta quando si è stati chiamati per fuorigioco, si possono imparare molte cose da ogni situazione che renderanno il vostro gioco migliore. Come squadra, dovete anche essere disposti a lavorare insieme per scoprire cosa vi farà migliorare.

Per esempio, diciamo che siete in uno sport di squadra e avete due compagni di squadra che sono molto bravi in quello che fanno, ma che non lavorano bene insieme. Uno di loro è bravissimo a giocare in attacco e l'altro è un grande difensore ma non molto altro. Cosa succede se la squadra ha bisogno di qualcuno che copra il centro perché tutti gli altri giocatori sono fuori su entrambi i lati del campo? Questo causerà un problema se non si lavora insieme perché ogni giocatore si sente minacciato dal dover lavorare come una squadra. Si sentiranno come se fossero costretti a giocare l'uno con l'altro e quindi saranno infelici e lo sarà anche la squadra.

Molte squadre hanno trovato soluzioni per questo problema facendo lavorare ogni giocatore su un aspetto diverso del loro gioco. In questo modo la squadra si sente sicura perché se uno di loro fa casino, c'è un'altra persona nel mezzo che può coprirlo. Questo è qualcosa che si può fare anche nella vita reale, per esempio, se si sta provando per una squadra, ma ci sono giocatori di college diversi che stanno già occupando posizioni nella squadra, si potrebbe scoprire che è più vantaggioso concentrarsi solo sull'allenamento da soli.

Applicare la psicologia nera nei discorsi di circostanza

Le chiacchiere sono una parte molto piccola e apparentemente insignificante della vita, ma possono fare o rompere un'intera giornata. Se hai appena iniziato una relazione con qualcuno ci sono molti modi per uccidere le tue possibilità prima che inizino usando la psicologia nera. Se vuoi applicare la psicologia nera nelle chiacchiere, allora devi essere disposto a metterti in gioco anche se questo significa che potresti essere ferito.

È molto comune per le persone usare le chiacchiere come un modo per eliminare la persona che non è giusta per loro, ma se usate correttamente, le chiacchiere possono mostrare quanto bene vadano due individui. Si dovrebbe essere aperti a parlare con chiunque, ma si dovrebbe anche fare un punto di essere consapevoli di ciò che si sta dicendo e chi è intorno a voi.

Ancora una volta, le chiacchiere possono essere usate contro di te se non sai come usarle correttamente, quindi non devi parlare solo del tempo o cercare di chiacchierare di sport, perché è probabile che la tua conversazione abbia bisogno di una grande lucidatura prima di essere pronta.

Ci sono molti modi in cui la psicologia nera può essere applicata nelle chiacchiere, ma qui ci concentreremo su quello che io chiamo "il freeze-out". Il nome è corretto, questa tecnica viene utilizzata quando una persona vuole sbarazzarsi di qualcuno e farà di tutto per farlo.

Tuttavia, a differenza delle situazioni aggressive in cui la persona vuole farvi del male fisicamente, il "freeze-out" è usato nelle chiacchiere come una forma di manipolazione piuttosto che un tentativo di intimidazione. Questo è il metodo che uso quando voglio liberarmi di qualcuno durante una chiacchierata ed è molto facile da fare.

Farò del mio meglio per descrivere il "freeze out" in modo che possiate usarlo durante la vostra prossima sessione di chiacchiere, ma tenete a mente che questa tecnica richiede pazienza perché sarete sul lato ricevente della rabbia di qualcun altro per un certo tempo mentre cercano di capire perché vengono ignorati.

Quando la persona ti blocca, ti ignora per un periodo compreso tra i 5 e i 20 minuti alla volta (ma può arrivare fino a 30 minuti) fino a quando non diventa frustrata e infastidita dalla tua incapacità di rispondere.

Lo scopo di questo è di farti mettere in discussione il motivo per cui ti hanno ignorato. Se tu rimani in silenzio, la persona diventerà sempre più infastidita dalla sua incapacità di ottenere la tua attenzione, metterà in discussione il suo processo decisionale, esprimerà la sua rabbia in altri modi (attraverso il roteare gli occhi, il sospirare, o altre cose del genere), e alla fine inizierà a conferire su cos'altro potrebbe fare che la renderebbe più produttiva piuttosto che concentrarsi sul silenzio che le è stato imposto.

Capitolo 11: Guida passo passo per diventare un fantastico controllore mentale

Qual è la cosa più vicina alla magia? Il controllo della mente. La capacità di influenzare i pensieri, i sentimenti e le decisioni delle persone. Questo ti guiderà attraverso i fondamenti di questo incredibile potere.

Step 1: Il potere della fiducia

Il primo passo per il controllo mentale è la fiducia. La fiducia è l'ultima porta d'accesso al controllo mentale; il potere della fiducia è ciò che ti rende possibile influenzare la mente degli altri. La differenza tra qualcuno che sa come usare il potere della fiducia e qualcuno che non lo sa è come la notte e il giorno. Se non impari questa abilità, è come la magia in un certo senso; stai solo provando delle cose, sperando che una funzioni, ma senza alcuna reale conoscenza o comprensione dell'effetto che le tue azioni stanno avendo sui tuoi soggetti. Con il potere della fiducia, però, capisci esattamente come tutto ciò che dici e tutto ciò che fai influenza la mente del tuo soggetto. Il modo in cui la gente ti guarda, il tono della tua voce, il tuo linguaggio del corpo, tutte queste cose assumono una nuova importanza. Molte persone mancano di fiducia perché non capiscono il potere che dà loro. Per sviluppare la fiducia in te stesso, hai bisogno di un senso della tua capacità interiore. Sei capace di controllare la mente? Assolutamente sì! Questo significa che non ci sono cose con cui avrai problemi? Certo - nessuno è perfetto! Ma una volta che puoi veramente credere che tutto è possibile per te, allora e solo allora il tuo potere verrà fuori a giocare.

Questo significa uscire nel mondo e provare cose nuove (e sapere che non c'è fallimento se si impara da ogni tentativo). Se hai memorizzato questo libro, allora significa leggere questo materiale e provare ogni abilità. Ogni volta che provate qualcosa di nuovo, cercate di vedere se c'è un modo in cui potete usarlo per il controllo mentale. Sì, non aspettatevi che tutto funzioni perfettamente. Non è perfetto, ma se riconosci i tuoi successi, allora la tua fiducia diventerà più forte.

Step 2: Il potere della pazienza

Tutta la magia richiede pazienza; se tu fossi un mago che sbaglia sempre tutto quello che cerca di fare, nessuno crederebbe alla magia! La pazienza è il secondo potere che rende possibile il controllo mentale. Senza pazienza, è impossibile imparare ad usare il potere della fiducia. Devi essere disposto a fare le cose più e più volte, e non essere mai frustrato dagli errori o dai fallimenti. Se non riesci ad essere paziente, non imparerai mai a controllare la mente, è una promessa.

Per usare il potere della pazienza, devi avere un'idea chiara del tipo di persona che vuoi essere. È inutile se sei impaziente un momento e poi non riesci a controllarti il momento successivo; queste persone sono molto confuse! Le persone non sanno quale sarà la tua prossima mossa, o com'è la tua personalità! Quindi, è importante che quando stai imparando ad usare il potere della fiducia, tu tenga a mente che tipo di persona vuoi essere. È molto importante distinguere tra te stesso e le persone che ti circondano.

Step 3: Il potere della realizzazione

Il terzo potere è la realizzazione. Questo è ciò che ti rende possibile uscire là fuori e usare effettivamente il potere della fiducia. Se vuoi qualcosa, allora assicurati di avere fiducia in te stesso, niente di meno che realizzarlo! Non c'è niente di più sorprendente che raggiungere effettivamente il tuo obiettivo, specialmente quando tutti gli altri si sono arresi. Ma se non credi in te stesso, allora perché lavorerai così duramente? Usa il potere del raggiungimento per credere in te stesso e per spingere i tuoi limiti verso l'esterno.

Step 4: Il potere di essere cool

Il quarto potere è essere cool. Questo è il potere che ti permette di controllare la mente delle persone senza che queste si rendano conto di essere controllate dalla mente! Ogni persona ha un "campo di forza di energia mentale" intorno ai suoi pensieri e sentimenti. Questo influenza i vostri pensieri e sentimenti su di loro, anche se non lo sapete coscientemente.

Ma questa è una ragione in più per essere tranquilli! Non lasciare che forze esterne influenzino la tua mente. Se vuoi che pensino e sentano in un certo modo, allora agisci come se fossi la persona che vuoi essere. Porta quel cappello, suona quella musica o dì quelle cose; è importante generare dentro di te il tipo di sentimenti e pensieri che attirano gli altri nella tua vita. Se ti comporti come se fossi già la persona che vuoi essere, allora diventerai presto quella persona.

Step 5: Il potere della persistenza

Il quinto potere è la persistenza. Questo è ciò che ti aiuta a continuare dopo i fallimenti e le battute d'arresto; è il potere che impedisce a una persona di arrendersi quando non arriva da nessuna parte con qualcosa. Altre persone possono arrendersi dopo aver provato le stesse cose e aver ottenuto una risposta che dice "no", ma non noi! Noi crediamo in noi stessi; crediamo che quello che stiamo facendo funzionerà, e continuiamo finché non abbiamo successo.

Step 6: Il potere dell'entusiasmo

Il sesto potere è l'entusiasmo. Questo è ciò che vi permette di imparare ad usare il potere della fiducia, di guardare il lato positivo anche durante un terribile episodio di fallimento del controllo mentale, e di continuare a fare del tuo meglio quando tutto ciò che vorresti fare è strisciare a letto e rimanerci. Una mancanza di entusiasmo per la vita danneggia tutti i tipi di processi magici, ma se riesci a sviluppare e coltivare l'entusiasmo, allora niente può fermarti!

Step 7: Il potere della perseveranza

Infine, il settimo potere è la perseveranza. Questo è il potere che ti permette di rimanere fedele ai tuoi obiettivi e ai tuoi esercizi di controllo mentale. Se non eserciti questo potere, allora sicuramente fallirai! Se vuoi che qualcosa accada, allora rinuncia a tutto il resto e lavora semplicemente per questo finché non accade. Non arriverai da nessuna parte senza fare queste cose; devi essere persistente per fare ciò che devi fare.

Praticare il controllo mentale

Ora che sai come usare nel modo più efficace il potere della fiducia, devi metterlo in pratica! Ecco come fare. Per prima cosa, decidi cosa vuoi che accada. Per questo esempio, diciamo che vuoi che un ragazzo attualmente sposato sia attratto da te e ti chieda un appuntamento.

Ora siediti e inizia a praticare il tuo controllo mentale per dieci minuti senza nessuno intorno a te. Pensa solo alla persona che è attratta da te e a qualsiasi pensiero nella tua testa relativo al fatto che lui ti chieda di uscire.

Dopo dieci minuti, guarda il tuo orologio. Controlla quanti pensieri hai in testa, positivi e negativi, e quanti appuntamenti pensi che andresti a fare con lui. Se hai molti pensieri positivi su di lui che ti chiede di uscire, allora scrivi semplicemente la data in cui ti chiede di uscire quel giorno. Se hai molti pensieri negativi sul fatto che lui sia attratto da te, allora scrivi la data in cui sposa la sua attuale moglie.

Continua a fare questo finché la tua mente non si libera di tutti i pensieri negativi sulla persona che è attratta da te e rimangono solo i pensieri positivi. Questo richiederà un po' di tempo per la maggior parte delle persone! Probabilmente ci vorranno fino a sei mesi prima che la maggior parte delle persone raggiunga questo punto.

Una volta raggiunto questo punto, sei pronto ad usare il potere della fiducia per influenzarlo ad essere attratto da te. Quando ho fatto questo esercizio per me, sono passata dall'essere attratta da lui e dal fatto che mi dicesse "no", al fatto che avesse una cotta per me e mi chiedesse di uscire.

Capitolo 12: Velocità nel leggere le persone

Se sei pronto a leggere le altre persone, allora questa è la parte che fa per te. In definitiva, essere in grado di leggere le altre persone è molto importante. Se vuoi essere in grado di capire cosa sta succedendo nella mente di qualcun altro, devi prima essere in grado di capire cosa sta succedendo nel suo corpo. La verità è che le persone sono abbastanza facili da imparare a leggere se sai cosa stai facendo. Tutto quello che dovete fare è assicurarvi di guardare certi gruppi.

In definitiva, tutti noi comunichiamo con le persone in modi diversi. Abbiamo segnali verbali e non verbali che emettiamo in ogni momento. Tuttavia, la maggior parte della nostra comunicazione è non verbale. Abbiamo un sacco di linguaggio del corpo che usiamo in tutti i modi diversi per essere in grado di capire cosa sta succedendo con altre persone. Guardiamo cose come la vicinanza l'uno all'altro e il contegno generale per capire cosa sta succedendo nella mente di una persona in modo da poter ottenere più informazioni da lei. Quando si fa questo, si impara a riconoscere come si può interpretare ciò che stanno per fare, se stanno per fare qualcosa.

Qui, daremo un'occhiata a ciò che serve per iniziare a capire le altre persone a colpo d'occhio. Imparerete a capire le espressioni di base, l'attrazione, il comportamento chiuso, l'assertività e la dominanza. Tutti questi sono importanti a loro modo, servendo ruoli importanti che puoi utilizzare. Tutto quello che dovete fare è assicurarvi di sapere cosa cercare!

Leggere le espressioni

In definitiva, abbiamo sette espressioni primarie - queste sono conosciute come le nostre espressioni universali perché si possono individuare praticamente in qualsiasi cultura. Non importa da dove vieni, sai cos'è un sorriso e lo puoi riconoscere immediatamente. Questo perché il sorriso è un'espressione considerata universale. Vediamo ora le sei emozioni universali in modo che tu possa vedere meglio cosa aspettarti da loro.

Felicità

La felicità è facile da capire. Quando si vede qualcuno che è felice, lo si può riconoscere soprattutto dal sorriso. Tuttavia, il segno più ovvio di felicità è il corruccio negli occhi: è così che si sa che il sorriso e la felicità sono legittimi.

Tristezza

Quando si tratta di tristezza, la si può identificare dal fatto che tutto il viso si scioglie, per così dire. Si può vedere che le sopracciglia si abbassano. Anche gli angoli della bocca lo fanno, e gli angoli interni delle sopracciglia si alzano. Ci può essere o non esserci anche il pianto.

Rabbia

La rabbia è definita da tre caratteristiche principali, a parte il contegno che la accompagna. Di solito, qualcuno che è arrabbiato avrà le sopracciglia abbassate mentre preme le labbra insieme saldamente. In alternativa, la bocca può essere aperta, mostrando i denti, e squadrata.

Paura

La paura è di solito mostrata come sopracciglia alte sul viso, ma ancora piatte, con gli occhi allargati. Anche la bocca di solito si apre ampiamente.

Sorpresa

La sorpresa è simile alla paura nelle persone, ma la differenza marcata è che la mascella si abbassa insieme all'apertura della bocca, e gli occhi sono di solito più aperti, mostrando il bianco su entrambi i lati. Le sopracciglia sono anche arcuate invece che solo sollevate.

Disgusto

Il disgusto si nota soprattutto dando un'occhiata a come il viso si unisce. Il labbro superiore sale, alzandosi leggermente. Anche il ponte del naso di solito si corruga, e le guance si stringono in dentro e in su per cercare di proteggere gli occhi.

Leggere l'attrazione

Quando qualcuno è attratto da qualcun altro, mostra anche un linguaggio del corpo molto evidente. In particolare, ci si può aspettare di vedere ogni sorta di azioni specifiche. Il corpo di solito non mente, e per questo motivo, puoi guardare direttamente i comportamenti che qualcuno sta facendo per capire se è attratto da te o no. In particolare, puoi cercare i seguenti comportamenti:

- **Contatto visivo sostenuto**: Vedrai che l'altra persona manterrà di più il contatto visivo quando è attratta da te. Inoltre, di solito distoglierà lo sguardo e poi lo guarderà di nuovo per vedere se la stai ancora guardando.

- **Sorridere**: c'è una ragione per cui si presume che sorridere sia flirtare: succede spesso. Il sorriso civettuolo e attratto di solito dura più a lungo e comprende anche un contatto visivo civettuolo, fugace, ma regolare.

- **Cura di sé**: Sia gli uomini che le donne lo fanno: si spazzolano i capelli con le mani, si aggiustano i vestiti, e altrimenti manomettono il loro aspetto quando flirtano o parlano con qualcuno che trovano attraente. Se lo fanno regolarmente, potrebbero essere attratti da te.

- **Sembrare nervoso**: Essere nervosi è una cosa molto normale quando si è attratti da qualcun altro, e questo di solito si mostra attraverso l'armeggiare con qualcosa ripetutamente.

- **Inclinarsi**: Tipicamente, la gente si china verso le cose da cui è attratta, e le persone non fanno eccezione a questa regola. Si noterà anche che i piedi punteranno verso la persona da cui l'individuo è attratto.

- **Leccarsi le labbra**: Questo è comune, ma è sottile e facile da perdere. Tuttavia, si può notare se si presta molta attenzione. Di solito, si nota da una rapida parte delle labbra e un piccolo succhiare o leccare.

Leggere l'affermazione

L'assertività è calma, sicurezza e controllo. In effetti, se qualcuno è assertivo, si comporta come se avesse il controllo - si fa carico, è a suo agio con sé stesso, ma non si mette neanche a scavalcare le altre persone. Semplicemente si siedono e lasciano che le cose si svolgano senza lasciare che qualcun altro li domini. I segni più comuni di assertività includono:

- **Movimenti fluidi del corpo**: Quando si è assertivi su qualcosa, non si hanno movimenti a scatti. Sono fluidi e in controllo senza molti problemi, anche quando sono eccitati o emotivi. Anche la voce suona liscia, e si guardano intorno lentamente e costantemente.

- **Equilibrato**: L'individuo assertivo è solitamente eretto, rilassato, ma anche ben bilanciato e comodo.

- **Linguaggio del corpo aperto**: Di solito, queste persone mostrano di essere aperte all'impegno senza essere minacciose o provocatorie. Non bloccano affatto il loro corpo e mostrano anche le mani aperte.

- **Contatto visivo regolare**: Il contatto visivo è di solito costante e mantenuto comodamente senza molti problemi.

- **Sorridere**: Ci sono molti sorrisi educati e si ascolta bene anche con questo linguaggio del corpo. Di solito, ci si può aspettare che l'altra persona sia abbastanza a suo agio, e che sorrida facilmente e in modo appropriato.

- **Fermo**: Mentre sono fermi, di solito hanno una posizione solida senza molti problemi. Non sono affatto aggressivi e di solito mostrano che sono disposti ad ascoltare, ma sono anche fermi. Non escalation nulla e tendono ad evitare l'aggressione in qualsiasi forma.

Leggere la dominazione

La dominazione è un po' più dell'assertività. Di solito, con l'assertività, si vede qualcuno che mostra di essere sicuro di sé senza essere minaccioso. Tuttavia, con la dominanza, ci si può aspettare di vedere un contegno molto più minaccioso. Un corpo dominante mostrerà segni come:

- **Aggressività facciale**: Sarai in grado di vedere l'aggressività nel volto, di solito sotto forma di acciglio e sogghigno, o anche di ringhio.

- **Fissazione**: L'individuo aggressivo di solito fissa qualcuno che non gli piace, o può anche strizzare gli occhi o cercare di evitare di guardare qualcuno del tutto.

- **Posizione larga**: Di solito stanno in piedi con le spalle allargate e possono anche tenere le braccia aperte. Possono anche stare in piedi con le mani posizionate saldamente sui fianchi in una visualizzazione inguinale.

- **Movimenti improvvisi**: Si può notare che l'aggressore è molto brusco nei suoi movimenti, si muove improvvisamente e a volte anche in modo erratico. È un buon segno che in quel momento non è in una buona posizione e potrebbe fare anche qualcos'altro di aggressivo.

- **Grandi gesti**: Si può notare che mentre l'individuo si muove, segnalerà con movimenti aggressivi, quasi troppo grandi o ampi che si avvicinano a te senza mai avvicinarsi abbastanza da toccarti.

Leggere i comportamenti riservati

Infine, esaminiamo il comportamento di chiusura prima di continuare. Il comportamento chiuso mostra che l'individuo non è affatto interessato ad impegnarsi con l'altra parte. Quando vedi un comportamento chiuso, sai che l'individuo non vuole impegnarsi con te; sai che stai per vedere che vogliono essere lasciati soli, o che non sono ricettivi ad essere interagiti. Ci si può aspettare di vedere segni di questo tipo di comportamento, come:

- **Braccia incrociate**: Questo è forse il segno più rivelatore. Quando qualcuno si sente chiuso, quasi sempre incrocia le braccia e tiene le mani vicino al corpo. Quando parla in questo periodo, manterrà una voce monotona. Pensa a questo come il tuo segno che stai creando una barriera tra te e l'altra parte con le tue braccia. Vuoi essere lasciato solo, quindi ti chiudi completamente.

- **Gambe incrociate**: Puoi anche incrociare le gambe, quando lo fai, vedi che le ginocchia sono una di fronte all'altra quando sei seduto, o possono anche incrociare le caviglie. Questo crea un'immagine ancora più chiusa che mostra che sei sulla difensiva e non sei disposto ad ascoltare o a cambiare il tuo punto di vista su qualcosa.

- **Distogliere lo sguardo**: È anche molto comune vedere che la persona chiusa non vuole avere niente a che fare con chi la circonda. Non vogliono guardare la persona che si sta impegnando con loro.

- **Allontanarsi**: Si può anche vedere che la persona chiusa non vuole avere niente a che fare con l'avvicinarsi alla persona che si sta impegnando con lei. Invece, si allontanerà e si piegherà all'indietro, cercando di mettere quanta più distanza possibile tra loro.

- **Piedi rivolti altrove**: Guarda i piedi quando vuoi sapere quanto è impegnata un'altra persona. Se vedi che l'altra persona è in piedi lontano, con i piedi che puntano lontano da te, sono chiusi fuori e non vogliono impegnarsi nella conversazione a tutti.

Capitolo 13:
Persuasione emotiva

La persuasione emotiva induce l'empatia a influenzare i meccanismi del processo decisionale. Le strategie di manipolazione emotiva nel web marketing si dividono in tre categorie principali:

- Parole
- Immagini
- Esperienza dell'utente

Queste variabili si combinano per generare un'atmosfera emotiva utile, che provoca il movimento dei visitatori. Vogliamo, ovviamente, credere di essere dei decisori del tutto giusti. Questo però non è affatto come i fatti. Questo è reso chiaro dal nostro precedente incontro con il panico-acquisto nei giorni iniziali dell'epidemia di coronavirus.

Ti ricordi di aver visto le persone lottare per procurarsi i beni di prima necessità? Gli alimenti di base della dispensa come il cibo al forno, i fagioli secchi e le patate, insieme ai prodotti sanitari come il disinfettante per le mani e la carta igienica, sono spariti dai supermercati. È una vivida dimostrazione che il nostro comportamento d'acquisto è sempre motivato soprattutto dall'emozione, dall'incertezza e dall'ansia in questa situazione.

Perché la persuasione emotiva è necessaria

A tutti noi piacerebbe credere che le nostre scelte siano basate su ragionamenti e fatti, ma ci sono due gravi problemi con questa nozione, come afferma lo psicologo di Stanford BJ Fogg.

In secondo luogo, gli individui sembrano cercare le prove che supportano i loro comportamenti attuali. Troveranno sempre un modo per ignorarle se si inviano loro dettagli, che vanno contro qualcosa in cui già credono. Questo riconoscimento è considerato bias dagli psicologi.

In secondo luogo, anche se è possibile modificare gli atteggiamenti degli individui, essi non prenderanno l'iniziativa. Milioni di persone scelgono di seguire una dieta equilibrata, di evitare il fumo o di iniziare a fare esercizio. Eppure non lo fanno nemmeno. Non si trascrivono nelle azioni corrette per ottenere il giusto atteggiamento mentale.

Fogg lo definisce il paradosso dell'informazione-azione: "I dati di per sé non alterano coerentemente le azioni degli individui".

E illustra un argomento familiare agli psicologi. In gran parte del nostro processo decisionale, dipendiamo dagli impulsi che ci guidano.

Il neuroscienziato Antonio Damasio ha esaminato pazienti che avevano causato lesioni alla corteccia prefrontale mediale, una regione centrale del cervello per la gestione delle emozioni e della cognizione, in uno studio seminale del 1994. Damasio ha osservato che questi individui erano meno capaci di provare emozioni e avevano meno probabilità di prendere decisioni ragionevoli.

Damasio si rivolge a un importante paziente noto come Elliot, che, dopo che la sua corteccia prefrontale, è stata indebolita durante un intervento chirurgico al cervello per sostituire un tumore, ha perso la capacità di provare emozioni. Elliot è già stato un imprenditore esperto e un marito amorevole. Eppure il suo mondo è andato in pezzi dopo l'operazione. Sembrava diventare affascinato da opzioni superficiali come l'uso di inchiostro nero o blu, e il suo successo lavorativo è diminuito così drasticamente, che ha perso il lavoro. Alla fine fu coinvolto in una dubbia truffa di investimento che lo portò al pignoramento. Si separò, poi si sposò di nuovo e di nuovo si separò. Alla fine dovette trasferirsi con la sua famiglia. Per guidarci meglio, i responsabili delle decisioni si concentrano tipicamente su segnali corporei ed emotivi, che ci permettono di percepire effetti potenzialmente dannosi in circostanze ad alto rischio. Elliot era confuso senza tali segnali. Il suo caso ci dice che sta aiutando a fare scelte sane; l'emozione gioca un ruolo vitale.

Ora sappiamo che i sentimenti influenzano efficacemente le nostre scelte, guardiamo più da vicino come.

Come funziona la persuasione emotiva

Quando le pubblicità parlano di emozioni, usano ancora una tecnica basata sulla conformazione. Da due angoli opposti, questo approccio esplora l'emozione:

- Il sentimento è positivo o negativo? I sentimenti ad alta valenza, come l'orgoglio o la soddisfazione, sono ottimistici. Al contrario, i sentimenti di bassa valenza come il fastidio o la paura sono negativi.

- Il sentimento è forte o leggero? La rabbia e l'eccitazione sono emozioni ad alta eccitazione, mentre il dolore e il riso sono emozioni a bassa eccitazione.

I metodi basati sulla valenza forniscono un modo vantaggioso per categorizzare i pensieri dividendoli in quattro grandi gruppi:

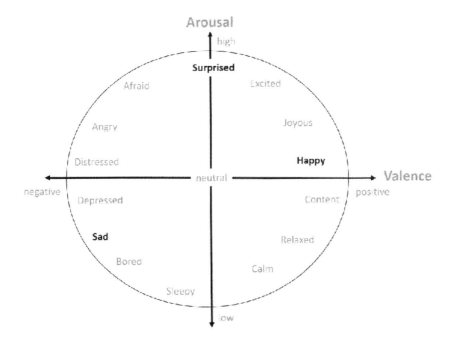

Le teorie incentrate sulla valenza organizzano i sentimenti in una buona e ordinata struttura teorica. Emozioni della valenza esatta influenzeranno le decisioni in situazioni necessarie, si prevedono:

- Rimane solo una piccola preoccupazione. I nostri pensieri non sono accettabili e ordinati.

- Sogno di ansia e furia.

Entrambi sono sentimenti a bassa valenza ed elevato livello di aroousal (tuttavia, entrambi sono sentimenti negativi che stimolano sentimenti forti). Eppure, in modi molto diversi, influenzano il comportamento.

Provare paura ti rende riluttante a comportarti. Prima di andare avanti, si valutano le proprie scelte e si guarda la propria decisione da ogni angolazione.

Tuttavia, sentire la rabbia ci spinge a agire. Molto spesso, ci si comporta in modo avventato quando si è sconvolti senza pensare a come potrebbe risultare la propria decisione. Non lo state facendo.

I sentimenti della valenza esatta influenzeranno in modo selvaggio e vario il comportamento. E questo suggerisce che le ipotesi basate sulla valenza non determinano correttamente come le decisioni possono essere influenzate dalle emozioni. La parte migliore è che esiste un'opzione.

Comprendere le tendenze di valutazione

Il sistema di modelli di valutazione è stato introdotto per la prima volta dagli psicologi Jennifer Lerner e Dacher Keltner per aiutare a spiegare come i sentimenti influenzano le decisioni.

Le emozioni ci aiutano a minimizzare l'elaborazione cognitiva, secondo Lerner e Keltner, inducendo rapidamente particolari reazioni cognitive e comportamentali a interazioni umane universali come la perdita, il dolore e il rischio. Questi metodi sono noti come modelli nella valutazione.

Contemplare la paura. Preferiscono vedere l'ambiente come se ponesse sfide esistenziali sconosciute quando gli individui sono nervosi, e cercano di intraprendere qualsiasi azione possibile per minimizzare l'ambiguità.

Gli individui turbati vedono il mondo attraverso il prisma di qualcun altro che è stato ferito. Di solito, le persone frustrate hanno un certo grado di stabilità riguardo a ciò che è successo e la sensazione di dover agire per affrontare l'offesa.

Conoscere alcuni dei metodi più efficaci con cui i sentimenti formano le nostre reazioni rende molto più facile progettare tecniche di persuasione emotiva.

Le nostre valutazioni del rischio e del valore sono due ambienti in cui i sentimenti possono avere risultati particolarmente forti.

Guardiamo un po' più da vicino.

Valutazione del pericolo. In una ricerca, gli scienziati hanno studiato come l'ansia e la rabbia impattano sulla comprensione del rischio tra le persone. I ricercatori hanno esaminato i partecipanti per prevedere il numero di morti, come terremoti, ictus e cancro al cervello, causati da dodici forme di incidenti all'anno. Gli individui con disposizioni spaventose hanno fatto valutazioni di rischio più negative, mentre gli individui con disposizioni furiose hanno fatto valutazioni di rischio positive. Il risultato? La paura aumenta il senso di pericolo tra le persone, mentre l'indignazione lo diminuisce.

Da valutare. I ricercatori trovano che, in condizioni reali di acquisto, i sentimenti esercitano un effetto sostanziale sui prezzi di acquisto e di vendita. Le persone che si sentono sole o infelici, per esempio, spesso provano un ridotto senso di identità che stimola il desiderio di migliorare la loro situazione e la tendenza a pagare costi più elevati per i beni di consumo.

Come li utilizzi per influenzare le scelte dei tuoi ospiti, ora che hai scoperto come le valutazioni emotive modellano l'iniziativa?

Conoscere il profilo emotivo del tuo pubblico

Le emozioni sono caotiche. Sono sfumate. E abbiamo appena toccato l'esterno degli aspetti sfumati in cui funzionano per influenzare le nostre abitudini di acquisto.

Questo implica che hai bisogno di un metodo ordinato e ben definito per aiutare il tuo particolare pubblico ad attuare la persuasione emotiva. (Sono quelli che stai cercando di convincere, dopo tutto).

Vorresti sentire tutto quello che puoi su di loro. Le loro aspirazioni. Le loro priorità. Le loro intenzioni e motivazioni emotive.

Ricerca. Parlare con il pubblico è la cosa più semplice che potete fare. Per creare un profilo psicologico dei clienti, raccogliete dati sulla voce dei clienti usando interviste ai clienti, indagini sul sito e valutazione dell'estrazione.

Da lì, immergiti nelle azioni dei clienti. Considera come le persone interagiscono sul tuo sito, usa mappe di calore, altri strumenti e Google Analytics.

Comporre. La lettura, il wireframing e l'editing vengono dopo. In questa fase non stai semplicemente componendo il tuo copy. Metti tutto insieme con elementi di architettura e di interfaccia cliente per costruire un insieme coeso che possa rassicurare il lettore e ispirarlo.

Gli esami. Non limitatevi a lanciare i vostri ultimi messaggi e presumete di aver finito. Per affinare la messaggistica, usate metodi di conferma, e valutate periodicamente le combinazioni per avere un effetto emotivo su qualsiasi turista.

È il momento di cercare le parole, la grafica e le caratteristiche dell'interfaccia cliente per convincere gli ospiti a dire di sì fino a quando non avrete il metodo a portata di mano.

La persuasione emotiva con le parole

Il passo iniziale standard sono i termini che usi se vuoi che l'emozione convinca gli individui. Si desidera utilizzare parole con stimoli emotivi, condividere storie e sfruttare i pregiudizi cognitivi.

Usare parole emotive di stimolo

- Tali termini sono più profondamente volatili di altri. Influenzeranno profondamente gli spettatori.

- Un modo semplice per rendere la tua versione più convincente sono queste parole catalizzatrici drammatiche, chiamate anche parole di forza.

- Semplicemente veloce. Veloce. Efficiente. Aumento. È pieno di termini catalizzatori che lo rendono quasi impossibile da premere.

- Per ogni post, un content writer compone molti titoli per assicurarsi che ogni commento abbia il miglior titolo possibile.

- Per rendere i tuoi titoli più avvincenti, usa termini trigger emozionali per aiutare ad attirare i lettori nella tua edizione. Spargi altri termini trigger nel testo fino a quando non sono dentro per aiutare a trascinare i lettori fino alla fine.

Happiness	Indulgence	Prestige	Humor	Gravity
Heartwarming	Guilt	Expensive	Funniest	Gargantuan
Inspiring	Guilt-free	Glamorous	Hilarious	Gigantic
Profound	Indulgent	Luxurious	Laugh	Huge
Zen	Obsessed		Ridiculous	Intense
Alive	Ravenous			Massive
Light	Lazy			Gripping
Healthy				Goddamn
				Seriously

Memorability	Novelty	Lust	Simplicity	Beauty
Captivate	Challenge	Begging	Basic	Adorable
Genius	Discover	Crave	Cheat-Sheet	Awe-Inspiring
Memorable	Extraordinary	Decadent	Easy	Beautiful
Undeniable	Hack	Delirious	Effortless	Breathtaking
Unforgettable	Latest	Fantasy	Ingredients	Dazzling

Sfruttamento dei bias cognitivi

Per il ragionamento e il processo decisionale, le illusioni cognitive sono scorciatoie e leggi empiriche da cui dipendiamo. Il trucco per creare una messaggistica più forte e convincente può essere quello di avere una forte conoscenza di esse.

Negli anni '70, Amos Tversky e Daniel Kahneman hanno iniziato a definire particolari pregiudizi cognitivi. Da allora, circa 200 diversi pregiudizi cognitivi sono stati stabiliti dagli psicologi.

Ma le buone notizie ci sono. Per aumentare il tuo gioco di convincimento, hai solo bisogno di un paio di bias cognitivi in tasca.

Bias dell'attenzione

Il Judgment Lab spiega: "Il bias attenzionale discute come, a seconda dei nostri pensieri attuali, la nostra interpretazione si sposta". Apparentemente siamo prevenuti nei confronti degli argomenti delle nostre opinioni a livello percettivo.

Il bias attenzionale è la nostra propensione, quando prendiamo decisioni, a prestare attenzione a stimoli emotivamente persuasivi e a ignorare altri stimoli. Più spesso qualcosa ci attiva o obbliga il nostro interesse, più ci soffermiamo su di essa.

Usare l'attenzione selettiva Bias: saresti più propenso a comprare da qualcuno che vede frequentemente i dati sociali e chiede di agire. Assicurati che gli ospiti vengano introdotti al tuo marchio anche al di fuori del sito tramite email coerenti, una forte presenza sui social media e pubblicità su misura sui social media.

Bias di scelta-supporto

Tra tutti i bias cognitivi, il bias di supporto alla scelta è tra i più basilari. Questo aiuta a riflettere sulle alternative che abbiamo già selezionato positivamente e a considerare le alternative scartate.

Il bias di scelta ci spinge ad associare le nostre azioni passate a prove che le confermano e a trascurare i dati che vanno contro di esse. E ci riporta ai beni e servizi che abbiamo selezionato in passato, di volta in volta.

Usare Choice-Supportive Bias: Aiutare i clienti a sentirsi a proprio agio sulle decisioni che hanno già preso è un modo perfetto per massimizzare e aumentare la fidelizzazione con un'esperienza esemplare del consumatore. Scopri come le email post-acquisto di Dollar Shave Club aiutano i clienti a sentirsi sicuri della loro decisione, a creare entusiasmo su ciò che sta per arrivare e a diminuire il rischio di cancellazione.

Avversione alla perdita

L'avversione alla perdita è un altro pregiudizio cognitivo critico. Come chiarito da un economista premio Nobel di nome Richard Thaler, "le perdite fanno più male che i guadagni di uguale entità suonano bene".

In poche parole, gli individui faranno più di quanto faranno per ottenere un vantaggio uguale per evitare una perdita, e questo dirà come si ritrae la merce.

Considera l'avversione alla sconfitta. Concentrati sulle perdite o sui dolori che puoi aiutarli a fermare, piuttosto che preoccuparti di ciò che il consumatore otterrebbe. Per cominciare, potresti dire "smettere di perdere clienti" invece di dire "ottenere più abbonati". Concentrare l'enfasi su una possibile perdita evocherebbe sempre una risposta emotiva più significativa che preoccuparsi dei potenziali guadagni.

Persuasione emotiva con le immagini

Un design raffinato conta molto.

I team di ricerca di Google hanno scoperto che gli utenti tendono a decidere sul web entro 50ms dall'arrivo su un sito web. Semplici variabili dell'interfaccia, come la raffinatezza visiva del sito, influenzano le decisioni degli spettatori entro soli 17ms.

Nell'influenzare la percezione del sito da parte dei visitatori, la grafica gioca un ruolo cruciale. Avete una fantastica possibilità di pianificare la piattaforma in modo creativo, in modo che i vostri ospiti compiano gli atti che vuoi.

Conclusione

Questo libro esamina la psicologia nera e l'uso di diverse tecniche che possono essere utilizzate per manipolare le persone. Sta diventando sempre più prevalente nella nostra società. Questo libro ha anche esaminato come si può evitare di essere manipolati, compresi i passi che si possono fare se qualcuno sta cercando di manipolarvi.

Una persona che soffre di questi tratti di psicologia nera non esiterà ad usare trucchi, bugie o inganni per raggiungere i propri obiettivi. Quando hanno successo e finalmente ottengono ciò che vogliono, non mostrano alcun rimorso per le persone che hanno manipolato. Il più delle volte queste persone possono persino sentirsi giustificate e credere che ciò che hanno fatto sia giusto.

Coloro che sono manipolati da una tale persona possono anche non sapere cosa sta succedendo. Invece di vedere la persona per quello che è, potrebbero scambiare il manipolatore per qualcuno con buone intenzioni.

La psicologia nera non ha confini. Queste tattiche possono essere usate da una persona giovane per ottenere ciò che vuole o possono essere impiegate da qualcuno molto più vecchio ed esperto nel manipolare gli altri.

Per dare al manipolatore il sopravvento, è comune per loro mascherare i loro sforzi come qualcosa di completamente diverso. Piuttosto che ammettere che stanno usando qualcun altro, possono affermare di fare qualcosa di carino per loro. Tuttavia, questo è solo uno stratagemma per ottenere ciò che vogliono.

Questa forma di manipolazione non può essere fermata dall'esserne consapevoli, poiché il manipolatore troverà un modo per convincere la sua vittima designata che è tutto un buon divertimento o qualcosa di completamente diverso. Le leggi sono state progettate per aiutare a prevenire questa forma di manipolazione, ma non sempre funzionano come previsto.

Quali sono i segni che potresti essere una vittima della psicologia nera? Hai la sensazione che qualcuno ti stia usando? È importante capire rapidamente come qualcuno ti sta usando e fare tutto il possibile per evitare di essere manipolato. Imparare a riconoscere i segni della manipolazione è una parte importante per superare questa forma negativa di influenza.

Un segno che potresti essere vittima di una psicologia oscura è quando ti sembra che qualcuno stia usando le tue emozioni per ottenere ciò che vuole. Questo può avvenire sotto forma di amicizia o anche di amore, ma può essere difficile capire quando qualcuno lo sta facendo. Di nuovo, solo perché sei consapevole che qualcuno sta usando le tue emozioni non significa che lo stia facendo di proposito. Un manipolatore userà qualsiasi mezzo per ottenere ciò che vuole, anche se questo significa usare le vostre emozioni per farlo.

Un altro segno che potresti essere vittima della psicologia nera è quando qualcuno sta giocando con la tua mente. Ci sono molti modi in cui qualcuno può manipolare la tua mente per ottenere ciò che vuole, e questo è un modo efficace per manipolare la sua vittima. Potreste aver sentito il termine "giochi mentali" o anche "giochi emotivi", e questi sono solo nomi diversi per ciò che riguarda la psicologia nera.

Uno dei modi più comuni in cui qualcuno giocherà con la tua mente è attraverso la manipolazione. Potrebbero affermare di fare qualcosa di carino per te, ma questo potrebbe non essere affatto vero. Invece, potrebbero usarti per ottenere ciò che vogliono. Questo potrebbe arrivare sotto forma di attenzione, o potrebbe arrivare sotto forma di un pasto gratuito o anche un regalo.

La cosa principale a cui prestare attenzione quando sei vicino a qualcuno che usa la psicologia nera sono le sue intenzioni. Se qualcuno sta facendo cose carine per te, ma questo non è perché si preoccupa per te o vuole aiutarti, allora c'è una buona probabilità che abbia un secondo fine.

Come puoi vedere, essere manipolati con la psicologia nera è una cosa seria. Anche se non è possibile evitare tutto nella vita, avete la possibilità di cercare di superare questa forma negativa di influenza. Imparando a conoscerla e osservando i segni che qualcuno potrebbe usare, sarai in grado di superare questo problema più facilmente.

Il metodo più comune per usare l'ipnosi e il lavaggio del cervello è stato attraverso i culti. Mentre non sembra esserci un ampio consenso sulla definizione di un culto, la maggior parte degli autori concorda sul fatto che i culti sono piccoli gruppi che possono essere facilmente controllati e tenuti separati da influenze esterne e che i loro insegnamenti possono essere in opposizione alle opinioni sostenute dal resto della società.

I culti sono noti per seguire certi schemi legati all'ipnosi e al lavaggio del cervello. Per esempio, mentre la concentrazione e la meditazione fanno parte della routine dei leader delle sette, essi usano comunemente l'isolamento per tenere i loro seguaci lontani dal resto della società. Poiché molti leader di culto tendono ad avere una personalità carismatica, i seguaci spesso si sentono speciali o privilegiati solo per essere accettati da loro. Questo viene realizzato attraverso processi che tendono a isolare i seguaci, mentre allo stesso tempo, sono costretti a dipendere dai leader per risorse scarse come cibo e vestiti. Questo si traduce in una profonda dipendenza psicologica dai leader e li lascia incapaci di prendere decisioni senza la loro approvazione e sostegno. In questo modo, i culti possono essere visti come una transizione dalla segregazione o isolamento alla prigionia.

Alcuni autori hanno anche descritto un processo di lavaggio del cervello come un ciclo in tre fasi: una fase di indottrinamento, in cui i seguaci vengono istruiti sul culto; una fase di isolamento, in cui i seguaci sono esposti alla pressione psicologica e privati della loro identità; e una fase di indottrinamento che rafforza gli insegnamenti originali dati nella prima parte.

La tendenza dei culti ad usare tecniche di lavaggio del cervello è evidente nel modo in cui vengono creati. Nella maggior parte dei casi, i culti possono essere attribuiti a un individuo carismatico che ha implementato tecniche di base di ipnosi o di controllo mentale per attirare i seguaci. Poi, attraverso interazioni sociali e rituali che spingono le persone alla sottomissione, sembrano convertire i loro seguaci da uno stato normale in uno stato anormale in cui sono completamente dipendenti dal leader. Che sia fatto attraverso l'ipnosi o il controllo mentale, l'effetto è lo stesso, e sembra esserci una forte relazione tra le tecniche di alterazione della mente e la creazione del culto.

CPSIA information can be obtained
at www.ICGtesting.com
Printed in the USA
LVHW020535210721
693211LV00010B/358